鏡の中の左利き

― 鏡像反転の謎 ―

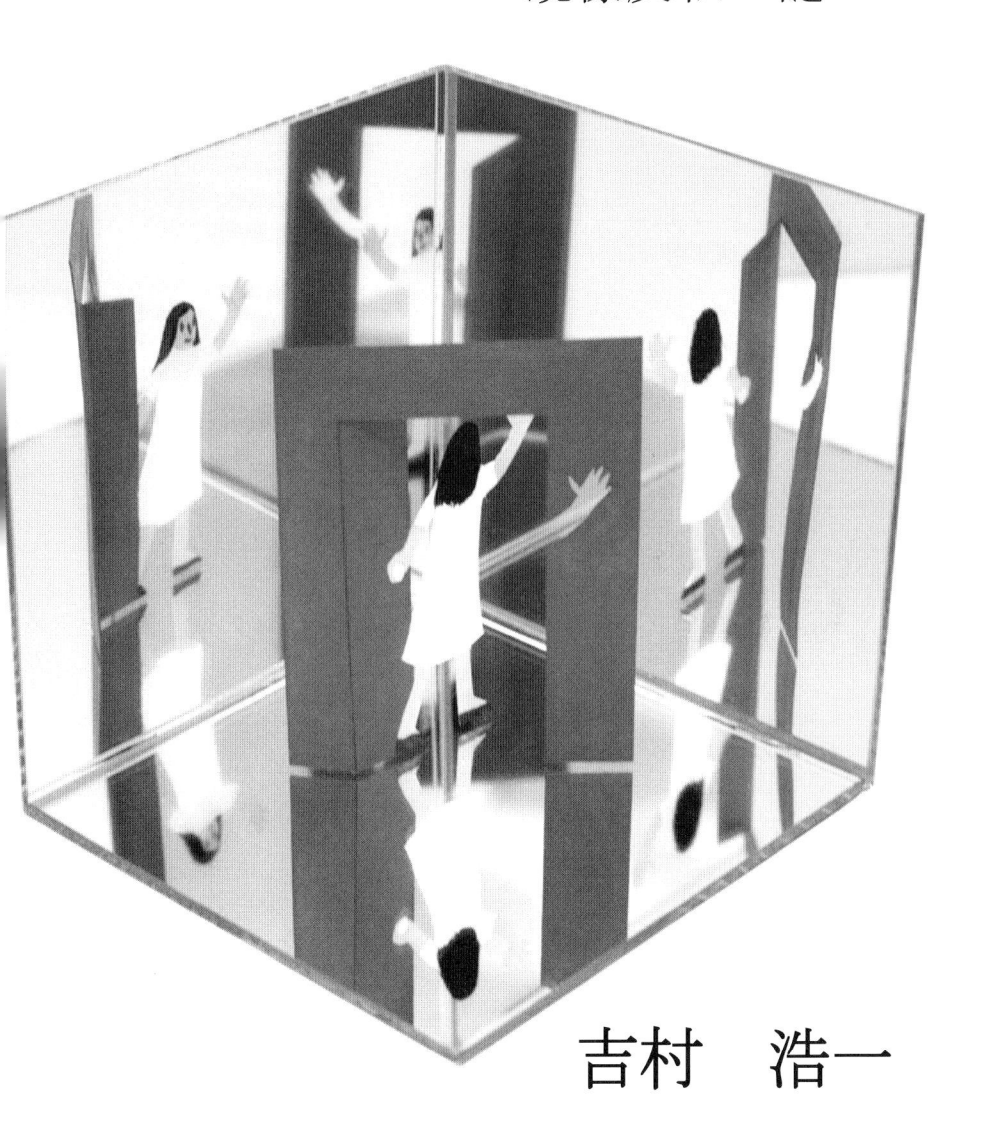

吉村　浩一

故牧野達郎先生に捧げます

目　次

はじめに 1

第1章　議論の前提：二段階で臨む幾何光学的説明 7
1.1　第1段階：鏡面を対称面とする面対称変換 8
1.2　ここから先は心理学の問題？ 11
1.3　物質の大切な性質：キラルとアキラル 12
1.4　分子研究者にとっての"対掌体" 17
1.5　第2段階：前後ではなく左右が反転することの説明 18
1.6　紙に書かれた文字も同様 20
1.7　上下・前後・左右軸決定の順序性 22
1.8　心は物理学的メカニズムどおりには働かない 24

第2章　左右反転感を抱く場合1：鏡の前で片手を上げる 27
2.1　物理学的二段階説に合致する事象 28
2.2　回り込めば一致感が得られる 31
2.3　対象物の固有的定位と環境枠組み 32
2.4　鏡映変換により自己身体の前後は反転しない 34
2.5　固有的定位は上下と前後 35
2.6　そのとき空間枠組み座標は 37
2.7　心理学でのメンタル・ローテーション実験 41
2.8　回り込みは180度回転と限らない 44

第3章　左右反転感を抱く場合2：鏡に映った文字 47
3.1　幾何光学的メカニズムは身体の場合と同じ 48
3.2　文字の場合は回り込みを行わない：鋳型照合 50
3.3　アキラルな文字：左右反転しない事象の予告 51
3.4　鏡文字だと即座に分かるか？：文字列や偏と旁 54
3.5　鏡の中の左利き 57

i

第4章　鏡映像に左右反転感を抱かない事象 63
- 4.1　特殊な対象物1：自分の顔を鏡に映す 64
- 4.2　特殊な対象物2：カップや弓の矢 71
- 4.3　特殊な対象物3：軸名のない物体 75
- 4.4　鏡の位置の問題："逆さ富士"は上下の反転 77
- 4.5　共通の枠組み空間：車のバックミラー 82
- 4.6　実物と鏡像が同時に見えること 86
- 4.7　文字の対称性："鏡文字"とは何か？ 90
- 4.8　自己の身体を床鏡や天井鏡に映す 91
- 4.9　"回り込み"は自己投入法 94

第5章　鏡像問題への解答：座標系の共用－個別化説 97
- 5.1　座標系の共用－個別化説 98
- 5.2　座標系の個別化が起こる理由 101
- 5.3　"回り込み"の有無 104
- 5.4　鏡映変換による1軸反転の原理 106
- 5.5　左右反転感を抱かないことと座標系の共用 109
- 5.6　物理事象か心理事象か：固有的定位をめぐって 110
- 5.7　座標軸の名称と固有的定位 112
- 5.8　共用と個別化の時間的前後関係 117
- 5.9　両手はぴたりと重なる？：言葉遣いのすれ違い 118
- 5.10　全員が同じ見方をするわけではない 120

第6章　逆さめがね実験から学んだこと 123
- 6.1　逆さめがねの種類と構造 124
- 6.2　上下反転視状況での利き手判断の非直感性 130
- 6.3　上下反転視状況での右折と左折："裏返し"の稀少例 133
- 6.4　左右誤認と左右反転感の違い 138
- 6.5　左右反転視状況での利き手判断 140
- 6.6　鏡による前後反転の直接的影響：鏡映描写との関連性 143
- 6.7　知らずに操る座標系 148

第7章　今後の課題 151
　7.1　全員が左右反転感を抱くのか？ 156
　7.2　対面映像は他人の姿？ 156
　7.3　見慣れない文字か左右反転文字か？ 157
　7.4　直感的判断は見る頻度が決め手か？ 158
　7.5　片腕切断者の鏡像への反応 160
　7.6　左右反転感を抱かない場合の前後反転感 160
　7.7　左右が逆さに見えない"直角合わせ鏡" 161

引用文献 169

索　　引 173

あとがき 177

一物理屋のコメント　（多幡達夫） 181

はじめに

　レストランで鏡に映った人の食事風景を見ていると，ナイフとフォークをもつ姿が，本当は右利きなのに左利きに見えてしまう．このような経験は誰しももっていることだが，ほとんどの人は，ことさら不思議なことと思わない．「鏡は左右を反転するのだから，右利き動作が左利き動作に見えるのは当たり前」と考えてしまうようである．

　しかし，鏡は映ったものをいつも左右反対に見せているわけではない．たとえば，自動車のバックミラーの場合はどうだろう．自分の運転する自動車を右側から追い抜こうとしているオートバイは，バックミラーの中でも右側に消えてゆく．また，鏡を見ながらひげを剃ったり化粧をしているとき，右側に動かす自分の手は鏡の中でも右側に動いていくように見える．

　もちろん，このような不統一は，鏡の気まぐれのせいではない．鏡が対象物をどのように映し出すかは，明確な物理学的法則性に従っている．もし，気まぐれに思える部分があるとすれば，それは鏡を見ているわれわれ人間の心の働き方に原因がある．もっとも，われわれだって，本当は気まぐれに見ているわけではなく，見る対象，見る状況に応じて，それぞれのルールに従って見ている．

　本書では，まず第1章で，鏡が物体をどのように映し出すかについての物理学的規則性を説明する．実物と鏡映像の幾何光学的関係の理解は，鏡像問題を考える上で，はずすことのできない大前提である．それは，一義的で明確なルールであり，これを認めなければ解答へは近づけない．その上で，鏡に映った映像を左右反転だと見たり見なかったりする心の働きを，必要に応じた場合分けを行って吟味していく．第2章と第3章では，鏡の映像に左右反転感を抱く場合について検討する．2つの章に分けるのは，同じく左右反転感を抱くことにはなるのだが，そこに至る心的過程を2つの類型に分けて考える必要があるためである．続く第4章では，逆に，鏡の映像に左右反

はじめに

転感を抱かない事象群を取り上げる．それらを受けて，第5章で，筆者の考える鏡像問題への解答を提示する．

　皆さんの中には，鏡像問題は物理学レベルで説明可能と考えている人もいると思う．もちろん，法則的説明をどう捉えるかによっては，物理学的説明で十分だという意見があっておかしくない．しかし，鏡を覗いて，ある場合には対象物に左右反転感を抱き，別の場合には左右反転感を抱かないという事実があるとすれば，その違いは心の働き方の違いによると考えるべきだし，そこまで説明しなければ，鏡像問題に本当の意味で答えたことにならない．

　逆に，鏡像問題を未だ定説のない"二千年来の難問"と考えている人も多いと思う．筆者がこれから提案する説明も，数ある説明にまた1つ新しい説が加わることになり，混迷が深まるばかりではないかと心配されるかもしれない．確かに，ある人には整然とした説明でも，他の説を唱道したり支持したりする人には説得力をもたない場合も多い．しかし，たとえそのような人たちに対しても，本書での提案を，左右反転感を抱く場合と抱かない場合の分岐点にまで立ち返った，これまでにない守備範囲の広い説として評価してもらえると思う．

　昔から鏡像問題は，「鏡はなぜ，左右のみを反転し上下を反転しないのか？」という問いに集約されてきた．この問いを素直に解釈すれば，鏡の前に立って右手を上げたとき，鏡の中の自分が左手を上げている姿に見える現象に答えを求めている，ということになろう．しかし，これに答えるだけでは，鏡像に左右反転感を抱かないケースは埒外に置かれることになり，先ほどの自動車のバックミラーに映ったオートバイの動きに左右反転感を抱かない理由などは説明できない．鏡像問題の総合的な取り扱いは，左右反転感を抱かないケースの心的過程の説明も含むものでなければならない．そのためには，いかに的確な問いを立てるかが重要となる．

　本書では，鏡像問題を解決するために必要な問いをさまざまな角度から発し，原則としてそれぞれの問いには単一の答えを与えてい

く．それを実現していくためにも，いかにうまく問うかが重要となる．確かに，個人差や状況の違いで，左右反転感に関していつも全員が同じ反応を示すとは限らない．心理学をやっていると，こうした反応のばらつきが回避不可能であることを常々思い知らされている．しかし，だからと言って，法則性や理論が成り立たないわけではない．それぞれの問いに典型的反応に基づく解答を与え，そこからの逸脱には，逸脱した反応になる理由を説明してゆく．各問いに対して合理的な解答を与え，反応のばらつきの理由まで説明できることになれば，鏡像問題の全体像を法則的に捉えたことになる．本書では，そこまで到達することを目指している．

2003年6月29日，日本大学文理学部で開催された日本認知心理学会第1回大会で，東京大学の高野陽太郎先生と筆者とで，「鏡像反転の問題」をテーマに，シンポジウムを企画・実施した．高野先生は，この問題に対して，かねてより"多重プロセス理論"という独自の説を提案されている．1997年には『鏡の中のミステリー』という著書(高野，1997)で，また翌年にはアメリカで刊行されている心理学の専門雑誌に自説を発表された(Takano, 1998)．"多重プロセス"と名づけられたゆえんは，この問題に解答を与えるには，どうしても1種類のプロセスだけでは無理があり，少なくとも3つの場合分けが必要だと考えられたところにある．これらの著書や論文の中で，高野先生はそれまでの諸説を紹介・分析した上で，それらが目指した単一の解答では説明できない部分が残ることを明らかにし，自らの「多重プロセス」理論の正当性を主張された．

2時間のシンポジウムでは，まず筆者(吉村)が，素朴でシンプルな説明を30分ほどで解説した(その時点での筆者は，鏡像問題は，物理次元のメカニズムを中心に，シンプルに説明できると考えていた)．残りの1時間半，高野先生が自説の解説と対立説への批判を，鏡とビデオカメラを持ち込んだ実演を交えながら行われた．ご著書や英語論文からは理解しにくかった点を，直接お聞きする機会を得たことで，筆者の理解はずいぶん進んだ．その意味で，このシンポジウム

は筆者にとって有意義なものであった．

　シンポジウムは説明を聞くだけで時間切れとなり，不一致点については改めて議論するお約束をした．後日，高野先生の研究室にうかがい，2人だけで3時間あまり意見を交わした．じっくり話し合っていくうちに，次のことが分かってきた．取り上げる個々の具体的事象に対する説明は，2人のあいだでほとんど一致する．すなわち，個々の小問題への解答は同じなのである．にもかかわらず，大問題である"鏡像問題"への解答となると，少なくとも筆者には，"多重プロセス理論"では納得できない．それ以来，筆者は，左右反転感を抱く場合と抱かない場合の分岐点に目を向ける視点を育てていった．

　シンポジウムを機に行ったこのディスカッションは，筆者にとってさらに意義深いものとなった．鏡像問題に対して本腰で取り組み，筆者なりの答えを見出したいとの気持ちをかき立ててくれたからである．鏡像問題を1つの大問題とし，その大問題に単一の答えを与えようと目指すことには，高野先生が言われるように無理がある．そのような答えがあるくらいなら，これまでの多くの先人たちの努力の中に正解が出ていたはずである．鏡像問題解明の出発点に立ち返るにあたって，筆者が基本姿勢にしようとしたことは，鏡の像に左右反転感を抱く場合と抱かない場合のある点を認めることであった．どのような場合に左右反転感を抱き，どのような場合には抱かないかを整理していく．その上で，左右反転感を抱く場合だけなら単一原理で説明可能か，また左右反転感を抱かない場合はどうか．このような枠組みの上に，そこから先は考えられるさまざまなケースを個別検討していく．いわゆる帰納法的検討である．そして最終的に，個別の検討結果が同一原理によって統合できるものなら，その道を探るべきである．しかし，検討はあくまで具体的事例に適切な解答を与えるという姿勢で進めなければならない．一見遠回りに思えるこの手順を踏まずにいきなり大問題に答えようとすれば，どうしても単純化しすぎたルールに矮小化し，必ず積み残し事象を出してしまう．その点を他説から突かれて，対応に窮すること

になる.

　筆者が,鏡映像の左右反転問題を真剣に考えるようになったきっかけは,第6章で詳しく解説する"逆さめがね"実験に長く携わってきたことにある."逆さめがね"とは,目の前の視野像が逆さに見えるめがねのことである.これまで,そのようなめがねを着けることによって生じる知覚や行動上の混乱や,そのめがねを長く着け続けることによって新しい視覚世界にどのように順応していくかを追い続けてきた.逆さめがねの世界は,鏡の問題と直接関わるさまざまな問題を投げかけてきた.そこでの問題意識を発展させて著した『逆さめがねの左右学』(吉村,2002)の中で,筆者は鏡の話を重要問題の1つと位置づけた.その本を著したときの筆者は,鏡像は単一の光学的法則に従う変換なのだから,結果として生じる左右反転感も単一メカニズムで説明できると考えていた.その主張は,放射線物理学がご専門で大阪府立大学名誉教授の多幡達夫先生のお考えとも一致した.多幡先生たちは,上で紹介した高野先生の"多重プロセス理論"に対し,3つの場合分けなど必要なく,鏡像問題は単一メカニズムで説明可能とする説を,高野先生が発表されたのと同じ英文心理学雑誌に寄稿されていた(Tabata & Okuda, 2000).しかもその法則性は,心理学での議論を必要とせず,物理学的に説明できると主張された(細かくいえば光学と幾何学,それに左右の定義の性質が利用されているが,本書ではこれを「物理学的説明」と略称する).筆者は,多幡先生からお考えを直接うかがい,先生にも筆者の行ってきた逆さめがね研究と鏡の問題の関連性をお話しした.拙著『逆さめがねの左右学』での鏡像問題に関する解説は,基本的に多幡先生のお考えと一致するものであり,先生からのご示唆を取り込んで組み立てたものであった.

　多幡先生と意見の一致をみた「単一メカニズムによる説明」と,一方で,先に紹介した高野先生とのつっこんだディスカッションで行き着いた「あらゆる場合を1つの原理で説明することはできない」との見解のあいだで,鏡像問題に根本から取り組み直す必要を感じた.

はじめに

　事実は1つでなければならないという見地に立てば，2つの考え方は両立するはずはない．しかし，鏡像反転を説明するのに必要な物理学的説明と，左右反転感の有無を含み込む心理学的説明とを慎重に検討した結果，両観点からの説明を整合的に結びつける見通しを得た．一見すると，水と油のようなお二人の主張だが，筆者にはそれぞれに納得ができるのである．お二人それぞれと，納得のいくまで話し込んだことが，そのような見通しを与えてくれたのだと思う．本書の目標は，お二人の主張の精神ははずさず，鏡像問題の全体像を明らかにする新しい説明理論を提案することである．

　以上のような経緯から，議論を始めるにあたり，高野陽太郎先生と多幡達夫先生に，あらかじめお礼を申し上げたい．本書での論を形作っていくにあたり，お二人の考え方を随所に利用させていただいた．高野先生には，鏡像反転問題は優れて心理学の問題であること，とりわけ認知に関わる重要問題であることを確信させていただいた．また，鏡映像に左右反転感を抱くメカニズムが，心理学的には単一過程に収まらないことを納得させていただいた．多幡先生には，物理学レベルの説明と心理学レベルの説明を曖昧なままにはできないことを教えていただいた．"オッカムのかみそり"の格言どおり，もし物理学レベルで法則的に説明できることなら，心理学的観点からさまざまな付帯条件を付けた説明は行うべきでない．その点を引き締めてかかったからこそ，心理学的レベルの説明がやはり不可欠だとの最終結論に到達できたのである．いまとなっては，お二人の考えはあまりにも自然に筆者の議論の中に溶け込んでおり，逐一該当個所で言及できないことをご容赦いただきたい．

第1章

議論の前提：
二段階で臨む幾何光学的説明

ものが鏡に映っているとき，実物と鏡像との関係は，鏡に映し出されたものの構造や，鏡を見る人の位置・視点の違いなどにかかわらず，幾何光学的(物理学的)には単一メカニズムで説明することができる．本章で行いたいことは，この点の確認である．物理学的な法則ということになれば，理解に数学の素養が必要なのでは，と思われるかもしれない．しかし，その心配には及ばない．いたって簡単で素朴な法則性として記述できる．ただし，説明を順序立てて行いたいため，二段階の手順を踏むことにする．そのうちの第1段階は，これまでさまざまな数学者や物理学者が繰り返し使用してきたロジックである．ここでは，わが国の数学者，矢野健太郎に従って，まず第1段階の説明から始めよう．

1.1 第1段階：鏡面を対称面とする面対称変換

「鏡に映った映像はなぜ左右だけを反転するのか？」との問いは，数学者や物理学者のあいだでも，折に触れて話題にされてきたようである．数学者の矢野(1980)が，この問いの本質を分かりやすく解説してくれているので，ここではそれを借りることにしたい．彼は，恩師掛谷先生をめぐるエピソードを使って，鏡像問題への説明を始める．掛谷先生は，東大理学部教授会が始まる前の雑談の折り，教授会メンバーたちに上の問いを投げかけたそうである．

> 「矢野君面白いね．理学部教授のくせに，それはわれわれの2つの目が左右についているからでしょう，なんて人がいるんだからね」と先生は意地の悪い質問の効果を十分に楽しんでニヤニヤしておられた．(p.106)

皆さんなら，この答えをどう思われるだろう．もし，この答えが正しいなら，頭を90度傾ければ，鏡に映った自分の姿は上下が反転しなければならないことになる．もちろん，そのようなことが起こるはずはない．

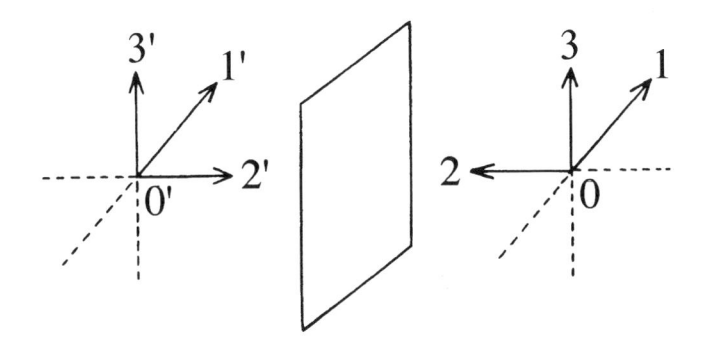

図1. 矢野の用いた鏡像変換の幾何光学的説明図

このエピソードを話のマクラに,矢野の解説は一気に鏡像問題の核心へと進む.

> 図1をみていただきたい.鏡を挟んで,身体とその鏡像との関係を記号により簡略化している.われわれの中心をO,その右側をO1,その前方をO2,その上方をO3で表し,これらの鏡の中の像をそれぞれO'1',O'2',O'3'で表してある.左右・前後・上下の3方向を,等質的な記号で表しているところが,いかにも数学(物理学)的である.この図からすぐに分かるように,このうち反対になっているのは,O2とO'2',すなわち前後だけであって,左右と上下はそのままになっている.(p.107)

矢野の説明の骨子は,「反転するのは左右ではなく前後だ」という点にある.ただし,そのように表現すると,説明は一般性を欠く.せっかく,「左右」などとせず,「O1」などと「等質的な記号」を使って表しているわけだから,一般性を有する記述を貫きたい.確かに,壁に掛けられた鏡に向かって正対して鏡の中の自分を見ているとき

なら,「左右ではなく前後反転」となる.しかし,われわれはいつも鏡に正対しているわけではなく,また鏡の方も,いつも壁に垂直に掛かっているわけでもない.床や天井に貼られた鏡に映った人の姿を見ることもある.それゆえ,壁に掛かった鏡に正対した状況にしか当てはまらない言葉を使ったのでは一般性がない.どの場合にも通用する等質的な記号を用いる方が,法則性が見えやすくなる.

そのような配慮から,数学者矢野の解説では,「反転はO2とO'2'においてのみ生じる」と言い表されていた.それを,記号ではなく対称性を表す言葉で表現すると,本節のタイトルに掲げたように,鏡は対象物を,「鏡面を対称面とする面対称変換」すると言うことができる.さらに,座標表現を用いれば,鏡映変換とは,「鏡面に垂直な1軸のみの負号化」と言えるのである.

「負号化」など,恐れていた数学的表現が入り込んできた.しかし,図1での座標表現を用いると,この程度の表記は難なく理解できる.「負号化」とは,ある座標軸上で原点から＋の方に向かっていたものが－方向に向かう,あるいはその逆のことであるに過ぎない.すなわち,絶対値(長さ)は変わらず,＋の値は－に,－の値は＋に変換されることなのである.この変換が,鏡面に垂直な1軸に関してのみ起こるというのが,鏡映変換の幾何光学的(物理的)記述である.ここまでが,解答の第1段階である.

したがって,「鏡はなぜ,上下を反転させずに左右のみ反転させるのか？」との問いには,「実は鏡は前後(鏡に垂直な軸)のみ反転させるのであって,左右は反転させない」というのが正しい答えとなる.だが,これでは,上記の問いへの最終的な答えとはならない.「左右反転」の理由が求められているのに,「本当は左右ではなく前後が反転している」と言ったのでは(この問いが少なくともある見方からは意味をもつのだとすれば),一種のハグラカシになる.「上下ではなく,左右が反転される」ことにまで届く解答が必要である.

1.2　ここから先は心理学の問題？

　上で引用した矢野は，ここまでが物理学的に説明可能なことで，ここから先は，以下の引用文にあるように，「心理学の問題」と考えていた．前項の図を使った解説のあと，矢野は次のように続ける．

> ところが，掛谷先生の言われるように，われわれの左右と，その鏡のなかの像の左右が逆になっていると考える人は，おそらく頭のなかで次のように考えている．すなわち，もし自分が鏡のなかに入って行ってこちらを向いたとすれば，すなわち，図1のO2とO'2'を重ね，O3とO'3'を重ねたと考えてみれば，O1とO'1'はO'の反対側にきてしまう．すなわち，自分自身の左右と，その鏡のなかの像の左右とは逆になってしまう．
>
> 　これらは言わば見解の相違であって，どちらも正しいのであるが，もし，前者[先に示した幾何光学的説明]のように考える人よりも，後者のように考える人が多いとすれば，これはもう数学の問題というよりは，むしろ心理学の問題である．（矢野，1980　p.107-108）

引用文の最後で，矢野は，鏡の像を実物の左右反転像と見てしまうのは「心理学の問題」だと述べている．

　ここに引用した矢野の文章は，読者の皆さんが入手しやすいように，1980年に出版された本からとった．しかし，矢野はこの説明を，これよりずっと以前に，『朝日文化手帳36』(矢野，1954)で行っており（初出は1949年），その中では次のように述べている．

> この問題の解答を真正面から説明するのは，ちょうどシャレの説明をするようなもので少々興ざめなのであるが，しかしいかにも数学らしい面白い問題であったので，私はかなり前に，この問題の解答を，「鏡のなかの像」という表題である科

学雑誌に書いたことがある．
　ところが，最近この問題を，雪の研究で有名な中谷宇吉郎先生が，「右と左」という題で再び「文芸春秋」に書かれた．私は，いかにも中谷先生らしい名随筆であると思って拝読したが，どうも判り難いと言われる人もかなりあったようである．そこで私は，よしそれならば俺がもう一度うまく説明をやってみよう，というわけで，ラジオの「やさしい科学」の時間というので，もう一度弁じてみたのであったが，そのときの評判もやはり判り難いという人の方が多かった．（p.65）

　自然科学者にとって鏡像問題は，どうやら難問ではないが，説明しづらい問題のようである．苦心の末，矢野は先の図1に示した3次元座標を用いた解説に行き着いたのである．確かに，この図を使った説明なら分かったような気にさせられる．しかし，そこでの結論は，「左右反転」ではなく，「前後反転」というものであった．両者の距離を埋めることは，矢野に言わせれば「心理学の問題」なのである．
　ここで，物理学(幾何光学)からの第2段階の説明に進む前に，左右問題に関わる物体の性質について，少し寄り道をしていきたい．これから取り上げるトピックは，鏡像反転問題を考える上でとても役に立つばかりでなく，自然科学者が，自分たちの問題として，物質における鏡像問題をいかに重要視してきたかを理解する上で参考になる．

1.3　物質の大切な性質：キラルとアキラル

　本節のタイトルに掲げた"キラル"と"アキラル"という一対の用語を，読者の皆さんがこれまでに聞き及んでおられないという前提で，解説を進めたい．分子や生物の対称性の問題を見つめる黒田(1992)は，これらについて，次のように解説している．

この世の中のすべての物質は，そのかたちから大きく2つに分類される．1つはわれわれの手や足のように左右の区別があり，鏡に映した鏡像体と実物とを重ね合わせることのできないものである．もう1つは，われわれのからだ全体のように，鏡のなかの像が実物と区別できないものである．これには鏡像体という別のものは存在しない．(p.17)

そして，前者が"キラル"，後者が"アキラル"(アは否定の接頭辞)というわけである．"キラル"という用語は，ギリシャ語の"手足"を語源とする用語なのだそうである．

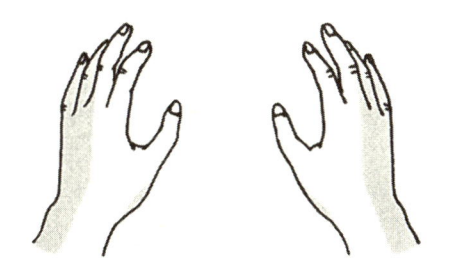

図2. どう動かしても一致しない左手と右手

　例えば，右手は，鏡に映せば左手の形になる．にもかかわらず，右手と左手は，どちらをどう移動・回転させても，ぴたりと一致することはない．このような性質をもつ左手と右手が，"キラル"という用語の語源となった．念のため，右手と左手を図2に掲げておいた．2つの手はよく似ている．ここに，互いに直交する3軸，x, y, z軸を書き込んでみる(図3参照)．例えば，左手の親指の先端位置を点(a,b,c)と座標表現すれば，右手親指の先端の座標値は$(-a,b,c)$となる．このような性質は，親指の先端だけでなく，両手のすべ

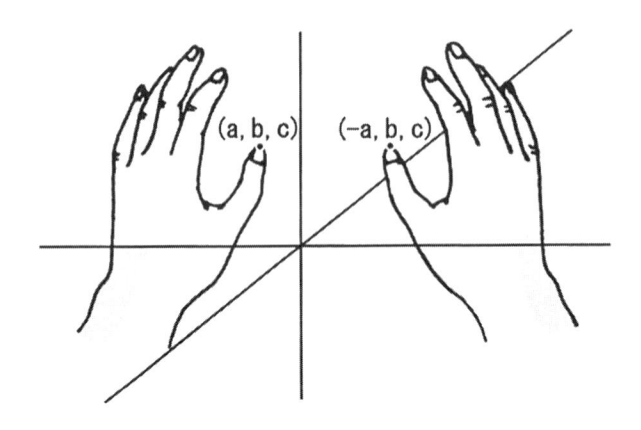

第1章　議論の前提：二段階で臨む幾何光学的説明

図3. 両手の親指の先を座標値で表せば,

ての対応点について成り立っている．鏡の場合と同様，「3軸のうち1軸のみの負号化」がここに具現している．右手と左手，両者は鏡の問題を考える上で，常に立ち戻るべき重要な基準形となる．

　さて，今度は，図4に示すように，右手だけを鏡に映してみよう．右手とその鏡映像は，どう回転させても一致しない．ここでは鏡映変換により，鏡面に垂直な"1軸のみの負号化"が起こっている．ところが，右手の鏡映像は，実物の左手とぴたりと一致する．日常われわれが，鏡に映った右手の形を，まるで左手のように見てしまう理由が納得できる映像である．

　ところで，「3軸のうち1軸のみの負号化」によって，上に示した関係が成り立つのは，もとの物体が"キラル"なときに限られる．"アキラル"な物体を鏡に映した場合は，まったく事情が違ってくる．黒田は，"アキラル"なものの例に，「われわれのからだ全体」を上げているが，それは外見にしか言えないことで，われわれの身体全体は，機能的には右側と左側でずいぶん違っている．また，「われわれのからだ全体」をアキラルなものの例に用いると，一見，左右対称らしい

14

図4. 右手を鏡に映せば左手と一致する

ことが鏡像問題を生んでいるとの誤った認識へ迷い込みかねないので(第7章のまえがきのSouthallに関する解説も参照)，ここでは別の例を使って説明を進めたい．人工的に作られたサングラスは，まったく左右対称，すなわち"アキラル"と言ってよい．

　図5に，横鏡に映したサングラスとその鏡映像を示した．実物のサングラスの任意の点Pの鏡像サングラス上での対応点をP'とする．実物のサングラスを平行移動させて，鏡の中のサングラスに重ねてみると，実物のサングラス上のPと鏡像のサングラス上のP'は同じ点にならない．ところが，サングラスは完全に左右対称形なので，2つのサングラスはぴたりと重なることになる．

　それでは，次の場合はどうか．図5では左右対称なサングラスに対して，横鏡が用いられていた．その場合は，平行移動によって両者はぴたりと重なった．しかし，横鏡ではなく，例えば図6のような前鏡の場合はどうであろう．このときには，平行移動を行っても，実物と鏡像を重ねることはできない．しかし，実物サングラスをぐるりと180度回転させて鏡像のサングラスと上下と前後を合わせれば，

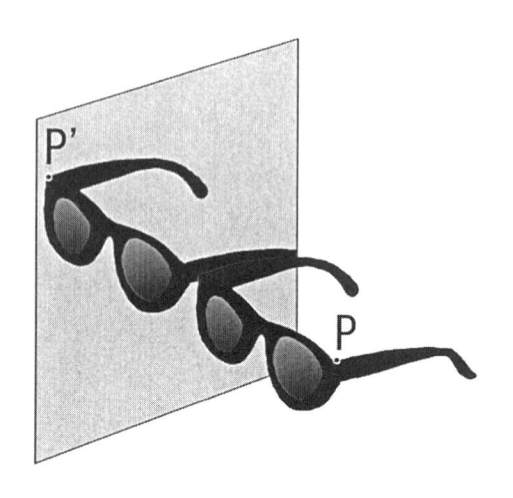

第1章 議論の前提：二段階で臨む幾何光学的説明

図5. 横鏡に映したサングラス上の点Pと鏡の中の対応点P'

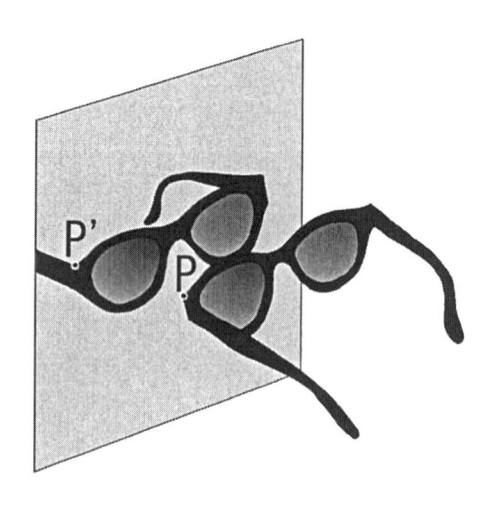

図6. 前鏡に映したサングラス上の点Pと鏡の中の対応点P'

両者はぴたりと一致する．完全な左右対称形のサングラスにあっては，重ね合わされたサングラスの対応位置が左右逆になっていても，すなわち点PとP'が一致しなくても，点PとP'が一致する場合と何ら変わらず，ぴたりと重なるのである．ここに示した横鏡や前鏡以外のいかなる向きに鏡が設置されていても，アキラルなものを鏡に映し出したときには，実物と鏡像は平行移動あるいは回転移動によって，ぴたりと重なることになる．

1.4 分子研究者にとっての"対掌体"

自然科学の研究者たちが，"キラル"だ"アキラル"だと真剣に議論することには，それなりの理由がある．物質や生命をミクロなところで支える分子の中には，分子の構造がほとんど同じなのに，ぴたりと重ならない"異性体"と呼ばれるものが存在する．異性体のうち，実物と鏡像の関係のように左右の向きだけが違っているものは"左右異性体"と呼ばれる．些細な違いのようだが，この違いが物質の性質をまったく異質なものにしてしまいかねないのである．

今世紀最初のノーベル化学賞を受賞した野依良治博士は，このような異性体同士を分離する原理を見出した．左右の異性体は分子量がまったく同じなので，重さによるふるい分けは行えない．野依博士は，その分離を行うための"不斉合成の原理"というものを考案したことに対し，ノーベル賞を与えられたのである．

このような左右異性体を，結晶学や化学では"対掌体"（または左右体）と呼んで重要視している．"掌"とは"てのひら"のことで，まさに先ほどから例にあげてきた右手と左手の関係である．対掌体であるためには，まずもとの形がキラルでなければならない．その上で，その物質に当てはめた直交3軸のうち，1軸のみが負号化されたもの，それが対掌体なのである．もとの形とその対掌体は，どう回転させてもお互い同士，重ならない．これまでの説明から明白なように，鏡が映し出すものは，もとの物体の対掌体なのである．

1.5 第2段階:前後ではなく左右が反転することの説明

あなたが,鏡の前に立って右手を上げているとしよう.すなわち,前鏡状況である.このとき,鏡に映ったあなたの像が上げているのは右手だろうか,それとも左手だろうか.これが,従来の鏡像問題の核心的問いである.この問いに対する物理学的説明の第1段階は,前鏡の場合,「左右ではなく前後のみが反転する」というものであった.しかしそれでは,鏡像問題に直接的な解答を与えたことにならないと,先に述べておいた.

図7のように,実物のあなたと鏡像のあなたを比べると,あなたは向こう(鏡の方)に向いており,鏡の像はこちら(実物のあなたの方)

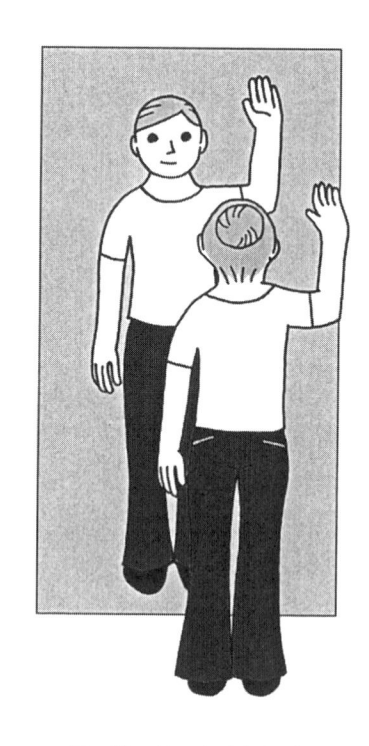

図7. 鏡の前で片手をあげる

に向いている．両者が違った方向に向いたままでは，上げている手が同じか反対なのかを直接比べることができない．そこで，物理的に両者の向きをそろえてやることにする．その際，鏡の像に操作を加えるよりも，実物であるあなた自身に移動してもらう方が，物理的操作に関する記述が明快になる．そこで，こちら向きの鏡の像と合わせるため，実物のあなたにもこちら向きになってもらおう．要するに，鏡の方を向いていたあなたに，同じ手を上げたまま，身体ごと後ろ向きになってもらうのである．そうすれば，図8のように，実物のあなたと鏡の中のあなたの像の向き（前後）がそろい，上げて

図8. 鏡像の向きと合わせるためにこちらを向く

いる手が同じか逆かをたやすく判定できる．答えは一目瞭然で，反対の手を上げている．つまり，鏡像は実物の左右反転像になっているのである．こちらにぐるりと向き直る動作の前と後で，あなたのとっている姿勢に変化はなかった．すなわち，同じ手を上げたままであった．

　実物のあなたにこちら向きになってもらう操作の物理的記述をしておこう．移動前と移動後で，上下軸は変わらず，前後軸と左右軸の2軸が負号化されることになる．こちらに向き直るという操作は，実物を鏡の中の像と上下・前後一致させるための操作であった．なぜ，"左右"ではなく上下と前後を一致させたのか．これについては恣意性を感じる人も多いと思う．実は，この操作には，"3軸決定の優先順位"という重要な問題が控えている．これはきわめて重要なテーマなので，後の1.7と2.3で改めて解説したい．

　さて，これだけの前処理を行ったところで，比較の出発点を，図8でこちら向きになったあなたの姿勢に置くことにする．その状態からスタートして，まず鏡の方に向きを変えたとき，前後軸と左右軸に負号化が生じ，上下軸には変化が生じない（＋のままである）．次に，鏡の方を向いたあなたから鏡の中のあなたの像への変化では，前後軸のみに負号化が生じる（鏡像変換の第1段階）．したがって，出発点から到達点までの全工程では，両工程での正負の符号を掛け合わせ，まず上下軸は，全工程中いっさい変化がなく，＋のままである．次に，前後軸には，負号化が2度生じているので，それらを掛け合わせると，もとの値（＋）に戻る（変化なし）．残るは，左右軸の1回の負号化のみである．すなわち，3軸のうち，左右のみが反転し，あとの上下軸と前後軸では符号が変わらない．これで，実物と鏡像とが，左右のみの反転関係にあることが分かる．

1.6　紙に書かれた文字も同様

　後に重要な検討課題となるので，人間の身体の場合だけでなく，紙に書かれた文字についても，いわゆる"鏡文字"が左右反転文字に

なることを物理学的に確認しておこう．紙に書かれた文字を鏡に映すには，書字面を鏡の方に向けなければならない．したがって，多くの場合，鏡の映像を見ている人には，紙の裏側しか見えず，書字面は直接見えない．そこで，先ほどの身体の場合と同様に，2つの工程で，実物と鏡像の変換関係を記述することにする．

　まず，鏡の方を向いた実物文字とその鏡映像とは，鏡像関係にあることから，前後のみ負号化される(鏡像変換の第1段階)．ただし，紙の上の2次元映像に前後軸を当てはめることは，直感的には分かりにくいかもしれない．しかし，紙の表と裏を貫く軸を前後軸だと考えれば，その軸に関する反転は，3次元的実体物の場合とまったく同様に記述することができる．すなわち，実物の紙の表(文字面)が鏡の方に向いているのに対し，鏡の中の文字面はこちら側(鏡を見ている人の側)に向いているというのが，前後軸が反転していることの中身である．

　さて，ここでも，実物と鏡像が反対に向いているため，両方の文字の異同を直接比べることができないので，前節の身体の場合と同

図9. 鏡像と文字面をそろえるために文字の書かれた面をこちらに向ける

じように，文字面がこちら向きになるように実物の紙を裏返し，見ている人から文字面が見えるようにする（図9参照）．このときも，裏返し方には紙の上下軸のまわりに180度回転させる方法以外に，左右軸のまわりに180度回転させる方法もあるが，前節の人間の身体の場合と同じ理由で，上下軸のまわりに180度回転させる（理由については，次の1.7で解説）．そうすると，実物の文字と鏡像文字はともにこちら向きとなり，両者の異同を直接調べることができる．結果は，図9から明らかなように，紙に書かれた実物の文字と鏡像文字は左右反転している．2工程に分かれた全工程中，紙の上の実物文字が，その形を物理的に変えることはあり得ない．

　前節の繰り返しになるが，この間の全行程を，2回の物理学的変換操作に伴う符号の変化で確認しておこう．出発点を，こちらに向いた実物の文字に置く．それを鏡に映るように裏返す（180度回転）と，前後軸と左右軸の負号化が生じる．次に，向こうを向いた紙の上の文字と，それを映し出す鏡の像では，前後軸のみの負号化が起こる．その間，上下軸にはいっさい変化は起こっていない．出発点から到達点までのあいだ，前後軸に関しては2回の負号化が，左右軸に関しては1回の負号化が生じていた．明らかに，ここでも左右のみの反転と結論できる．

　こうして，二段階工程に分けることによって，実体物であっても紙の上に描かれた2次元映像であっても，まったく同じ手続きによって，鏡に映し出された映像が実物の左右のみの反転像になることを確認できた．

1.7　上下・前後・左右軸決定の順序性

　自己身体の場合も紙に書かれた文字の場合も，実物を180度回転してこちらに向き直らせることによって，左右のみの反転を直接確認することができた．そこでは明らかに，上下と前後をそろえておいて，第3の軸である左右の一致・不一致を判断するという，3軸間の差別化が行われていた．よく似た2つのものの異同を判断しようとす

るとき，どうしてわれわれは判断の対象を左右に持ち込もうとするのだろうか．

　この問いへは，もちろん心理学からも言うべきことはあるが，本章では物理学的説明に徹することを心がけ，左右を特別扱いすることの物理学的合理性を考えていきたい．

　まず，「左と右」についての常識的理解を押さえておくため，『広辞苑』で「左」という項目を調べてみよう．「左」とは，「南を向いた時，東にあたる方」と説明されている．念のため，「右」を引くと，「南を向いた時，西にあたる方」とある．人を食ったような説明だが，確かに，左右を言葉で説明するには，このような表現でしかできないかもしれない．説明の基準に東西南北という絶対的方位を借用することで，かろうじて目的を達している．「南を向いた」というのは，そちらを前とすることを意味すると同時に，南を向いた人は足を地面につけているので，『広辞苑』の説明は上下に関しても暗黙の前提を置いている．要するに「左右」とは，定義上，「上下」と「前後」が確定してからしか発生しない方向軸なのである．言い換えれば，直交3軸のうち，真っ先に左右軸が決まることなどありえず，上下軸と前後軸の決定をまって発生するのが左右軸なのである．

　ここで問うべきことは，3軸決定におけるこのような順序性を，定義に関わる物理学的性質と見なしてよいかどうかである．もし，それが可能なら，物理学的検討の第2段階で行った操作，すなわち2つの対象物の上下と前後を一致させた上で左右の異同を判断することの合理性は，心の働き以前のルールと考えてよいことになる．「はじめに」で紹介した多幡先生は，この順序性を物理学的定義によるものと考えておられる．

　実物(ただしキラルなもの)とその鏡像は"対掌体"をなす．直交3軸のうち，どれか2つを一致させると，残る1軸が反転するのは"対掌体"であることの物理学的必然である．3軸決定の順序性もそれと同じ次元のルールだと認めることができれば，本章で進めてきた物理学的二段階過程で，鏡映像が左右のみ反転するメカニズムは説明で

きたことになる．鏡像問題に関する疑問の持ち方次第では，ここまでの説明で「鏡像問題は解決した」と言ってよいことになる．

しかし，3軸決定の順序性が定義により決まっているなら，鏡映像は常に実物の左右反転像を映し出さなければならないことになる．もちろん，対象物がアキラルなものの場合は別だが，キラルなものである限り，この性質は成り立たなければならない．はたして，そうなのだろうか．予想される議論の流れからは意外に思われるかもしれないが，「常に左右反転像を映し出しているのか」との問いには，「そのとおり」と答えることができるのである．なぜなら，映し出されたものの3軸が「上下」→「前後」→「左右」の順に決まっていくなら，必ず左右のみの反転が結論できるからである．

しかし，そのこと(3軸決定の順序性を当てはめて鏡映像は左右反転像であると結論すること)と，鏡像を見てわれわれが"左右反転感"を抱くかどうかということは，まったく別問題である．現実のわれわれは，後の第4章で取り上げるように，鏡像に対し，常に左右反転感を抱くとは限らない．ときには上下反転感を抱くこともあれば，前後反転感を抱くこともある．そのような知覚が起こりうる以上，"左右反転感の有無"を説明できる広義の鏡像問題を考えるべきである．それが説明できて初めて，鏡像問題は完全に解けたと言えるのである．

1.8　心は物理学的メカニズムどおりには働かない

前節で述べたように，心の働きを研究する立場に立てば，物理学的な説明だけで鏡像問題が解決したと考えることはできない．われわれは，常に鏡に映るものに左右反転感を抱くわけではない．対象物のもっている固有の性質，われわれが鏡を見る目的，さらには鏡の設置位置によって，鏡映像に左右反転感を抱かない場合もあるのである．

また，第2章と第3章で明らかにしていくことになるが，同じく左右反転感を抱く場合であっても，いつも同じ心的過程を経て左右反

転感に至るとも言えないのである．心理学的にどうしても区別しなければならない複数の心的プロセスが存在する．

　思い返せば，われわれは鏡像に，「なぜ左右のみ反転し上下は反転しないのか？」と疑問を抱くのは，鏡の前に立って自分の姿を映したり，他人の動作の利き手を捉えたりするときの素朴な印象からであった．すなわちこの問いは，鏡像すべてに対して当てはまる普遍的問いとは言えないのである．鏡に映る対象物，鏡の角度，鏡を見る目的など，状況はさまざまである．それらを包括的に説明できて初めて，鏡像問題は解決できたことになる．その解明には，もちろん本章で明らかにした物理学的ルールが基礎となる．しかし，そこから先は心の働きの問題と考えざるを得ない．次章からは，われわれが鏡の中の世界を知覚するときの心的プロセスに重点を移し，左右反転感をめぐる鏡の中と外の関係を見つめていくことにしたい．

第2章
左右反転感を抱く場合1：
鏡の前で片手を上げる

第2章　左右反転感を抱く場合1：鏡の前で片手を上げる

　鏡の中の映像に，われわれは左右反転感を抱く場合もあれば，抱かない場合もある．本章と次の第3章では，左右反転感を抱く場合を検討する．2つの章に分けるのは，同じく左右反転感を抱くことにはなっても，そこに至る心的過程が単一でないからである．そこで，異なる2つの類型を，それぞれの章で扱うことにする．心的過程が異なる以上，心理学が両者に違いを認めるのは適切なことである．

2.1　物理学的二段階説に合致する事象

　左右反転感を知覚する典型例は，壁に掛かった鏡に向かって正対し（この状態を前鏡と呼ぶことにする），どちらか片方の手を上げた状況である．図10では，鏡に向かって立った自分が，右手を上げている．ところが，映し出しされた鏡像には，左手を上げた自分の姿が映っている．前章で説明したように，幾何光学的説明の第1段階では，上下でも左右でもなく，前後軸に対する反転が起こっていた．それなのにどうして，左右が反転しているように見えるのだろうか．

　この状況に限定するなら，答えは簡単である．前章で示した第2段階の操作が，実際に心的にも生じるためである．ただし前章の説明では，実物はその場で180度回転して鏡に背を向けたが，鏡の前に立つ人は，鏡に映った映像に向

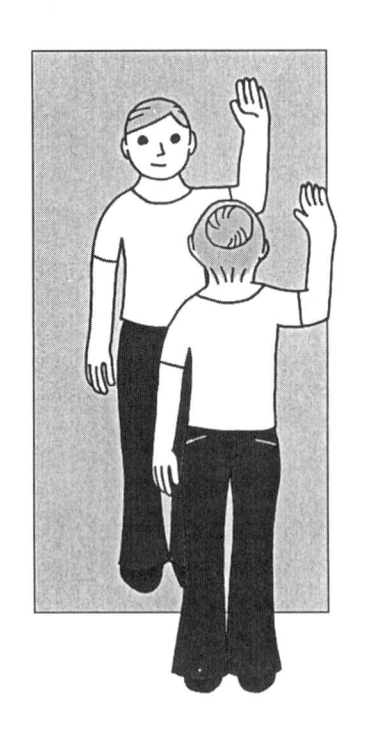

図10.再び鏡の前で片手をあげる

かって自分の身体を"回り込ませて"，自分の身体を鏡の像に重ね合わせようとする．前章の矢野の説明にあった，「頭の中で，自分が鏡のなかに入っていってこちらを向いたとすれば」という心的操作を実践するのである．その結果，左右反転が知覚される．「鏡のなかに入っていってこちらを向く」という操作は，鏡に映った身体を見ているときのわれわれの内省とも一致する．鏡の中に入り込んで向き直る操作は，前章で説明した第2段階，すなわちその場で鏡を背にするように向き直ることと，位置こそ違うが，3軸の方向関係は同じである．ぐるりと回り込んで180度回転することによって，実物と鏡の中の自分の映像は，上下はもちろん，前後も一致する．違うのはただ，上げている手の右と左である．

　確かにこの説明で，鏡に向かって手を上げている人が左右反転感を抱く理由は理解できる．多くの人に，このような操作を行っているとの自覚があるからである．しかし，なぜ強制もされないのに，"回り込み"という心的操作を行うのだろうか．鏡は前後反転を起こしているのだから，より直接的には，反転された前後をもとに戻す操作を行ってもよいはずではないか．おそらく，前後をもとに戻す直接的な操作とは，われわれ人間の身体を"裏返す"ことであろう．だが，その操作は，もとの対象物の形を保ったまま行うことはできない．例えば，顔の前面だけを裏返すというのであれば，裏から見たお面の凹凸を反転させるのを真似て，できなくもない．しかし，それが全身となると，もう想像することさえできない操作である．要するにそれは，実行不可能な心的操作なのである．平行移動か回転だけが，われわれの行いうる全体の形を維持したまま可能な変換操作なのである．

　ここから先は空想の世界になるが，その想像することさえ難しい"裏返し"を，人間の身体に対して試みたアート作品がある．前著『逆さめがねの左右学』でも紹介した片岡晶さんの「裏返しの美女」(坂根，1977)である(図11)．ここではもちろん写真でしか示せないが，実物は等身大の3次元造形作品なのだそうである．皮膚だけでできた

空洞の身体のへそのあたりに穴をあけ，上半身を裏返した不思議な身体である．裏返されていない下半身は右方向を向いており，手前にある方の脚が右脚である．それに対し，裏返された上半身は，左方向に向いている．すなわち，身体の前後が入れ換わっている．裏返しによるこのような身体の前後入れ換えこそ，鏡による物理的変換である前後反転操作に他ならない．このとき，裏返された上半身の左右はどうなっているのだろうか．右手に注目しよう．もとの右手が裏返された手は，裏返されていない右脚に触れている方の手である(ただし，その手の形は，裏返しにより，対掌体である左手の形に変わっている)．したがって，もとの右脚と裏返った右手とは同じ側にある．実物－鏡像関係に置き換えると，実物が下半身で鏡像が上半身ということになる．もしわれわれが，鏡像に対し"裏返し"という対応づけ操作を行えるとすれば，たとえ形は変わっても(右手の形が左手の

図11. 片岡晶「裏返しの美女」
　　　(坂根，1977より引用)

形に変わるように全身に変化が生じる），右手はもとの右脚と同じ側の手となって，左右反転は起こらない．

　幸か不幸か，鏡に自らの姿を映し出したとき，現実のわれわれは，"裏返し"という心的操作を行えない．そのお陰で，右手の形が左手の形に変わるという奇妙な感覚を味わわなくてすんでいる．その代償に，"回り込む"ことによって，上げているはずの右手が左手のように見えるという左右反転感を抱くのである．ただし，ここで断っておくべきことは，われわれは手の形が変わるという奇異感を免れるために"裏返し"を拒否しているのではない点である．とにもかくにも，われわれには身体を裏返して実物と鏡像を対応づける心的操作などできないのである．それに比べれば，「ぐるりと回り込んで向き直る」ことは，われわれの心的操作のレパートリーに備わった現実的な対応づけ手段なのである．

2.2　回り込めば一致感が得られる

　鏡に向かって右手を上げれば，鏡に映っている自分も"右側"の手を上げている．しかしその手を，左手だと知覚する．この不合理を避けるには，前節での"裏返し"は確かに都合のよい対応づけ法だが，それを現実には行えない．理屈上は可能であっても，現実に行っていない操作を説明に持ち出すことは適切でない．その点から，"裏返し"による説明は失格である．鏡に向かうわれわれのとる実際の手段は，回り込んでこちらに向き直り，自分の身体の前後を鏡像の前後と重ね合わせることなのである．"裏返す"という操作が身体構造を破壊するのに対し，"回り込み"なら，身体の形を維持したまま，結果として前後を一致させることができる．

　それではなぜ，左右軸の一致性を犠牲にしてまで，前後軸の一致を優先させなければならないのだろうか．前章の説明では，上下と前後が決まってから左右が発生するという座標軸決定の順序性を理由に上げた．それを受けると，われわれは"回り込み"により先に前後を一致させ，それから左右を判断するという手順を踏むと説明で

きる．しかし，可能性を言えば，実物と鏡像の前後を不一致にしたまま，鏡像の左右を判断するという選択肢もありうるはずである．実は，後の第4章で扱う「鏡映像に左右反転感を抱かない」ケース群では，実物と鏡像の前後の一致性にこだわらず，正しい左右把握を行おうとする事例が登場する．現実にそのような選択肢がある以上，鏡の前で上げた手の左右を判断する際に，"回り込んで"前後を一致させる理由は，やはり問われるべきである．誰しもがどのような対象物にも"回り込み"を行って鏡像の左右を捉えているのであれば，当然の方略としてすませることもできよう．しかし，そうでないケースがある以上，上下軸・前後軸・左右軸という3軸の心理学的関係を慎重に見つめるべきである．

その作業を行う前に，まったく違う観点から，"回り込み"法が現実的に有効な心的操作であることを指摘しておきたい．それは，鏡の映像ではなく，実際に対面している人物に対して行われる"回り込み"である．対面した人物がどちらの手を上げているかを判断するとき，その人物に向かって回り込めば，正しい答えを得ることができる．通常，自分と対面して見えているのは，自分自身ではなく他人の姿である．そしておそらく，どちらの手を使っているかを判断しなければならないのも，他人の動作に対してである．そうした場面を通して，"回り込み"という心的方略が，左右把握の有効な手段として習慣化してしまった可能性がある．すなわち，"回り込み"は，生態学的に妥当な環境把握手段なのである．その"回り込み法"が，鏡の中の自己像に対しても波及してしまったのかもしれない．この"対人場面習慣化説"を実証的に検討することは容易ではないが，可能性としては十分にありうることである．

2.3 対象物の固有的定位と環境枠組み

われわれが生活している世界は，3次元空間である．その中でわれわれはさまざまな姿勢を取り，またさまざまな方向へ運動している．そうした行為の入れ物としての空間枠組み方向軸について考え

たい．3次元空間枠組みは，物理空間のみでなく，心理学的空間としても，直交3軸で表現するのが適切である．数学的には，3軸は相互に直交してさえいれば，各軸がどこに向いていてもかまわないが，われわれの生活空間では，暗黙のルールとして地面に平行な2軸とそれに垂直な重力方向軸を想定する．重力方向は，物理学的にも心理学的にも特別な意味をもっており，それを上下軸と名づけて空間枠組みの第1基準軸にすることは適切である．

次に地面に平行な2軸だが，これらを"前後軸"と"左右軸"とすることには慎重であるべきである．いま問題にしているのは，個々の対象物の方向軸ではなく，それらの入れ物としての空間枠組み軸である．上下軸は問題なく決まるが，残る2軸は必ずしも"前後軸"と"左右軸"とならない．前後と左右は，個々の物体に対して与えられる方向概念だからである．特に左右は，決定的に相対的な性質をもっており，視点が変われば容易に入れ換わってしまう．そのような左右を，空間枠組み基準の軸名として用いるのは適切でない．特別な意味をもたない，もっと中立的な名称がよい．そうなると，第1章の幾何光学的説明で用いた「前後の反転」という捉え方も，もう一度洗い直す必要がある．その点については，次節で検討したい．

それに対して，個々の対象物に，上下・前後・左右という名称を与えることは適切である．本章で取り上げている直立姿勢の人間の全身を例にとろう．人の身体は頭が上で足が下であるばかりでなく，腹が前で背中が後ろである．この2軸は，全身をまっすぐ伸ばした姿勢をとっている限り，どのような向きにあっても変わらない．例えば，寝ころんでいても逆立ちしていても，頭－足軸が上下軸で腹－背軸が前後軸である．要するに，空間枠組み座標とは無関係に，身体という個物には，固有の方向軸として，上下と前後がそなわっている．そして，これら2軸が決まれば，定義に基づいて左右も確定する．このように個々の対象物が自らの中に固定した方向軸をもつことを"固有的定位"と呼ぶ（この命名は，Rock,1973の"intrinsic orientation"という用語からとった）．ここで重要なことは，固有的定

位はその対象物のもつ形態的特徴により決まる点である．環境内でどちらを向いていようと，頭は上で，腹は前なのである．

2.4 鏡映変換により自己身体の前後は反転しない

さて，自己身体を鏡に映し出したとき，前後が反転するのは空間枠組みとしての"前後軸"なのだろうか．それとも，固有的定位として備わっている個物の前後軸なのだろうか．答えは明白で，鏡像変換により引き起こされる反転は，空間枠組みの"前後軸"に対してである．それに対し，個物自身の前後は反転しない．鏡に映し出された映像においても，腹が前で背中が後ろであることに変わりはないからである．

先ほどから，空間枠組みとしての"前後軸"の表記に，コーテーションを用いてきた．これは，前後軸は個物に用いるのは適切だが，空間枠組み座標軸として用いることには慎重であるべきだとする，先の指摘への配慮からである．幾何光学的説明以来，便宜的に「鏡は"前後軸"を反転する」と言い習わしてきたが，前後とは，本来は個物のもつ固有的方向を示す言葉である．頭が上で腹が前という方向性は，身体という形態が破壊されない限り変わらない．それに対し，空間枠組みに当てている"前後軸"は，前や後ろであることと何ら"有契性"をもたない．すなわち，ある方向が前でなければならないとの必然性はなく，例えば前鏡の場合なら，鏡面に垂直な軸という以上の意味はない．便宜的にそう呼び習わしているだけなのである．鏡像変換により，空間枠組みの"前後軸"は反転するが，個物としての自己身体の前後は変わらず，鏡像にあってもあくまで腹が前で背中が後ろであることに変わりはないのである．

このような紛らわしい"前後軸"なら，鏡像問題を考えるに際していっさい使わない方が賢明かもしれない．しかし，個物の固有的定位を考えるには，形態の本質的方向軸として「前後」という言葉を使わないわけにいかないし，空間枠組み座標における"前後軸"も，鏡像問題をめぐるこれまでの議論の中で，「鏡像変換は左右軸ではなく

前後軸に関する反転である」と言い習わしてきたことを考えると，この名称をまったく使わないのでは説明はかえって窮屈になる．そこで，空間枠組みとしての"前後軸"には，コーテーションで注意を喚起してきたのである．幸い，第1章の幾何光学的検討で説明したように，鏡像として映し出される対象物（個物）は，もとの実物の"対掌体"になることがはっきりしている．すなわち，対象物がキラルである限り，鏡像は，直交3軸のうち鏡に直交する1軸のみの反転（負号化）像となり，平行移動や回転によってはもとの対象物と一致しない関係にある．両者に"裏返し"による形態破壊的対応づけを行わない限り，このことは，物理的法則として成り立つばかりか，心理学的にも同様に成り立つのである．この点さえしっかり押さえておけば，"前後軸"をめぐる混乱に巻き込まれることはない．これから先の議論でも，"前後"に関する混乱は随所で登場することになろう．その混乱を解いていくにも，"前後"という言葉を使わないわけにいかない．その都度，「鏡像は"対掌体"を映し出す」という物理的性質に立ち返って，確実な理解を促していきたい．

2.5　固有的定位は上下と前後

　身体のように，固有的定位としての上下と前後が決まっている個物では，次のような物理的ルールが成り立つ．実物の身体であろうと鏡に映った身体像であろうと，頭が上で腹は前なのである．当然，足が下で背中が後ろとなる．それに対し，左右は違う．右にあるのも手，左にあるのも手で，手という物理的形態自体は右や左を特定しない．その意味で，物理的性質としての左右の同定は，上下や前後とはまったく異なる作業となる．左右とは，上下と前後の決定後，それらから割り出される方向軸であり，それを割り出す手近で確実な手段が，実物身体の上下と前後を，鏡像身体の上下と左右に"回り込んで"重ね合わせることなのである．そうすることにより，上げているのが右手なのか左手なのかを確実に捉えることができる．

思考実験として，不幸にして左腕を切断した人の場合を考えてみよう．その人は，存在する自分の手が右手であることをよく知っている．その人物が鏡の前に立って手を上げたとする．彼は，それが右手であることを，回り込んで身体の上下・前後と合わせるまでもなく，即座に判断できる．頭が上，腹が前だと分かるのと同様に，上がっているのは右手だと分かる．これを，"知覚"と呼ぶべきか，それとも知識に基づく"判断"として知覚と一線を画すべきか，意見が分かれるかもしれない．しかし，「頭が上」とするのが"知覚"なら，それと同じ資格で，ここでの「右手」との判断も"知覚"と見なしてよい．（この例に関する議論が，これですまないことは承知している．鏡に映っている手が，ないはずの左手と受けとめる可能性もあるからである．これは非常に興味深い問題だが，ここでは立ち入らない．この例を用いた意図は，見ただけで上や前だと分かるとはどういうことかを，左右の場合で近似的に示すことにあった）．

　さて，鏡に映った自己身体の上下と前後を把握するのに，他の何かと比較する必要などないことが分かった．それに対し，左右の場合は違う．確かに，理屈上は，左右の場合も，上下と前後が決まれば，定義から一義的に割り出すことができる．広辞苑にあるように，"右"とは，「南を向いたとき，西にあたる方」なのだから，頭が上で腹が前（南）ならば，その人物像の右（西）がどちらなのかは，重ね合わせるまでもなく定義から割り出せるはずである．

　しかし，鏡像物の左右を，実際にどういう心的操作によって捉えているかとなると，定義から割り出せることとは別問題である．人が現実にそれを知るのに"回り込む"ことは手っ取り早い手段だし，実際にそうしている．考えてみれば，広辞苑の説明も，実際に自分の身体を南に向けたところを想像してみなければ，2つの手のうちどちらが西にくるかは実感できない．われわれが実際に行っている左右把握の方法は，"回り込む"という心的操作であり，そうである以上，その操作を心理学的機能として認めるべきである．

2.6 そのとき空間枠組み座標は

鏡に映った自己身体像に，腹側が前で背中側が後ろという座標軸を当てはめているとき，鏡の中の空間枠組みはどう捉えられているのだろうか．このケースに限るならば，答えは簡単である．鏡に映った自己身体の左右を捉えようとしているとき，われわれは鏡に映っている他のもの，あるいは空間全体の方向性など無視しているのである．空間枠組みはおろか，自己身体以外の鏡の中の映像すべてを無視し，個物としての身体像だけを相手に，"回り込んで"その左右を捉えている．

しかし，鏡の中でも，常に単体としての個物しか問題にならないわけではない．鏡の中の空間枠組み全体の方向性が問われる事態も存在する．例えば，野球中継しているテレビを，鏡を通して見てい

図12. 鏡に映った野球中継（バックネット側から撮影された映像）

る場面を考えよう．図12は，バックネット側から撮影された，見慣れたカメラ位置からのテレビ映像である．個物としてのバッターは，本当は右バッターなのに，左バッターに見える．これは，個物に対する利き手判断として，これまでどおりの説明で理解できる．ところが，ボールを打ったバッターが一塁方向へ走り出すのを鏡の中に見るとき，軽い驚きを味わう．およそ，バッターが一塁方向に走っていったようには思えず，三塁方向に走り出したと見えてしまう．このことは，鏡に映った空間全体に左右反転感を抱いていることの証拠である．もちろんこの場合でも，グランドのダイヤモンド全体を1つの個物と見なせば，身体の場合と同じレベルでの説明が可能かもしれない．しかし，なぜグランド全体に左右反転感を抱いたかは，個物としてのバッターの場合と明らかに異なっている．なぜなら，回り込みでもなく，直観的判断でもなく，バッターが走り出した方向を見て初めて左右反転感を抱くからである．

　テレビは2次元映像なので，厳密には正しい表現とは言えないが，グランドを水平に広がる3次元空間として，テレビの中のグランドとそれを鏡に映し出した鏡の中の空間の位置関係を比べてみよう．図13がそれである．ここでは，テレビの中の空間と鏡映像の中の空間をともに支配する単一座標系内に全体が表現されている．その座標系を当てはめる限り，"前後軸"の反転が起こっており(例えば，ピッチャーとバッターの前後位置が両者で反転している)，他の2軸，すなわち上下軸と左右軸は反転していない．

　テレビに映ったグランドをじかに見ているときとテレビを鏡に映して見ているときでは，いったい何が違っているのだろうか．イギリスの知覚心理学者グレゴリー(Gregory, R.L.)は，鏡映像を見る人の方向は，実物を見るときと180度回転した向きになるため，鏡の像に左右反転感を抱くのだとする，鏡像反転に関する独自の考えを提案している(グレゴリー，1997/2001; 高野，1997)．確かに，実物のテレビを見ているときと，それと向かい合った鏡を覗き込んでいるときでは，見る人は180度反対方向を向いている．しかし，そのよう

図13. グランドの実物と鏡映像との位置関係

な視方向の要因など持ち出さなくても，実物と鏡像が"対掌体"関係にあることを踏まえれば，鏡に映った野球のグランドに左右反転感を抱く理由は説明できる．鏡に映ったテレビの映像においても，テレビカメラがバックネット裏から撮影した映像であることに変わりはない．したがって，ピッチャーよりキャッチャーの方が撮影カメラに近い側，すなわち手前のままである．この前後関係は，直接，テレビを見ているときと何ら変わらない．要するに，実物のテレビと鏡映像のテレビのグランドの手前－向こう（言い換えれば前後）は反転していないのである．もし，前後が反転してしまった映像を見ているとすれば，それは，撮影カメラから遠い側，すなわち二塁ベース位置がホームベースである映像（センター側から撮影した映像）になっていなければならない．鏡に映したからと言って，そのよ

うな映像に変わるはずがない．実物のグランドと鏡像のグランドで前後が入れ換わっていない以上，両者は対掌体関係にあるのだから，左右が反対になるのは当然である(言うまでもなく，地面側が下であることは揺るがず，上下反転も起こっていない)．そのため，鏡の中のグランドでは，打ったバッターは三塁側と思える方向に走り出すのである．

　野球のグランドに左右反転感を抱く心的過程では，自己身体に対して行われた"回り込み"という心的操作は行われなかった．鏡に映ったグランドの映像に左右反転感を抱くのは，野球のグランドにおいて一塁側がどちらであるかを，見る者が知識として知っているからである．その証拠に，もし映像を見ている人が野球を知らない人なら，走り出したバッターを見ても，左右反転感を抱かない．もちろん，だからと言って，野球を知らない人には鏡の中の映像が異なって見えているわけではない．走り出した方向を問えば，野球を知らない人でも「左方向へ走り出した」と答えるわけで，そう答えることが，野球を知っている人が鏡に映ったグランドに左右反転感を抱くことと等価であると評価できる(鏡を通さずに野球を見ているときには，「右に走り出した」と答える)．強調すべき点は，鏡の像に抱く左右反転感を説明するのに，実物のテレビ映像と鏡映像を見るときの観察者の視線方向や姿勢の変化などを要因として持ち出す必要などないという点である．

　本章では，鏡に映った人物に向かって"回り込み"を行い，実物と鏡像の前後を合わせる心的操作によって左右反転感を抱く事象を検討してきた．しかし，ここに取り上げた野球グランドという空間全体に対して抱く左右反転感は，"回り込み"によって引き起こされるものではなく，鏡に映ったグランド映像の一塁側が左右どちらかを知っていることに基づく知覚印象であった．その意味から，この事例は，次章で扱うことになる鏡映文字に対する左右反転感と近い心的過程である．そこでは，正しい字形のテンプレートが頭の中に備わっていて，それに基づいて鏡の中に見える文字に左右反転感を抱

くことになる．詳細については，次章で改めて説明していくことにしたい．

2.7 心理学でのメンタル・ローテーション実験

本章で，"回り込み"という心的操作に取り組んだタイミングを利用して，心理学で行われてきたメンタル・ローテーション研究を紹介したい．"メンタル・ローテーション(心的回転)"とは，違う角度で提示された対象物Aと対象物Bが，同じ形かどうかを判定するために，一方の対象物をもう一方の対象物に重なるまで心の中で回転させる操作のことである．鏡に映った対象物に向かって自分の身体を回り込ませるという，本章で中心に据えた心的操作と深く関わるトピックである．

図14の2つの積み木図形を見比べてほしい．このままでは両者が同じ形かどうかが分かりにくいので，一方の積み木図形を適切に回転させ，もう一方の積み木図形に重ねようとする．ぴたりとうまく重なれば，両者は同じ形と判断され，一部に違いが残れば，違う形だ

図 14. 左右の積み木図形は同じ形か？

と判断されることになる．図14は，実体物としての積み木の形を紙の上に描いた2次元線画図形なので，どちらかの立体図形を実際に回転させることはできない．にもかかわらず，両者が一致すると判断できるのは，2つを見比べようとするわれわれが，これらの図形を3次元の積み木物体と見立てて"心の中で回転する"という心的操作を行ったからである．

　心理学は，その際，心的回転が等速度で行われることを示して見せた．すなわち，2つの図形の角度のずれが大きくなるにつれて，両者を重ねるまでに要する時間が長くなるのである．それを証拠立てたのは，2つの積み木図形がずれている角度の大きさと，一致するか否かを報告するまでに必要な反応時間の関係が直線的になるという実験事実であった．この実験を行ったのは，Shepard and Metzler (1971) で，彼らはこの心的操作を"メンタル・ローテーション(心的回転)"と名づけた．

　彼らの実験では，心の中で回転させなければならない角度と，その回転に要する時間の量的関係が調べられた．被験者に求められた応答は，同時に提示される2つの積み木図形の形が同じか(ぴたりと重なるか)，それともお互い同士が対掌体関係にあるかを判断することであった．もちろん被験者は，"対掌体"などという言葉を知らな

　　　　（a）一致ペア　　　　　　　　（b）異なるペア

図15. 2つの図形の異同判断に用いられる積み木図形

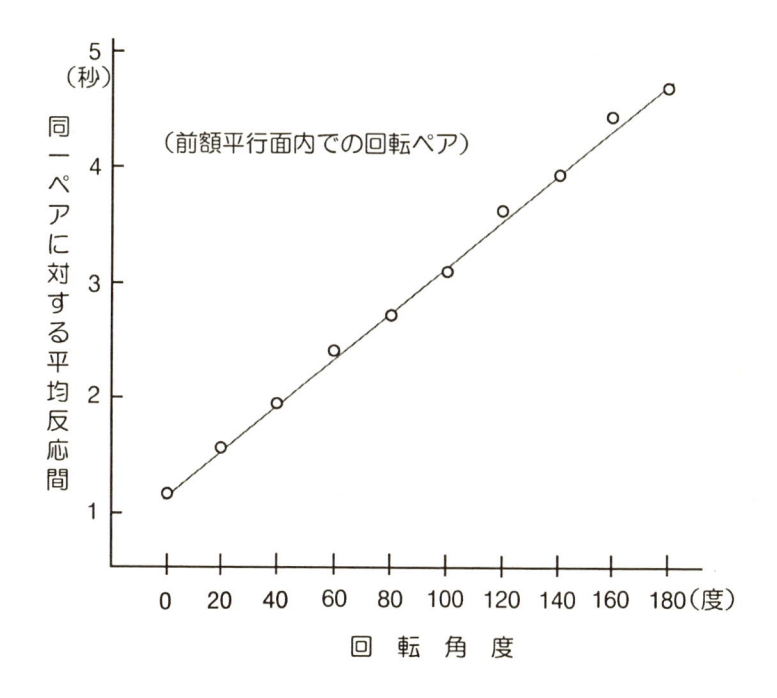

図16. 2つの積み木図形の角度差と反応時間の関係
（Shepard & Metzler, 1971より）

くてもよい．2つの積み木図形が同じ形ならば「はい」，違っていれば「いいえ」と答えればよいのである．できるだけ速くかつできるだけ正確に答えることが求められた．同じ形のペア（回転によりぴたりと重なる図形同士）の例を図15aに，異なるペア（対掌体関係をなす）の例を図15bに示した．図16のグラフが示すように，2つの図形を重ねるのに必要な回転角度の大きさと判断に要する反応時間の関係は直線的となった．この結果から彼らは，心の中での心的回転は一定速度で行われると結論づけたのである．

2.8 回り込みは180度回転と限らない

メンタル・ローテーション研究は，心的に回転させる角度に重要な意味があることを印象づけた．このことを受けて，鏡像問題に関して詰めておかなければならない点がある．図17を見てほしい．これは，鏡に正対して自分自身の身体を映し出したときの様子(前鏡状態)を，上から見たところである．この場合，実物の自己身体をぐるりと180度回転させると，鏡像にぴたりと重なる．鏡像変換は前後反転なので，回転角度が180度となるのは当然だと思われる．

しかし，図18の場合はどうだろう．この場合は，180度回転とならない．反時計回りで回転すると，60度程度で鏡像に重なってしまう．このことは，鏡像変換とは鏡に垂直な軸に関する反転(負号化)であって，決して映っている対象物自体の前後軸に関する反転ではないことを実感させる．このとき，鏡と垂直な空間枠組み軸を"前後軸"と名づけてしまっていたのでは混乱が起こる．「前後軸の反転なのだから，180度回転でぴたりと重なる」という素朴な見解とそぐわなくなるからである．空間枠組みの"前後軸"と身体の前後軸がずれていることは，むしろ一般である．鏡像変換は，鏡面に垂直な軸の

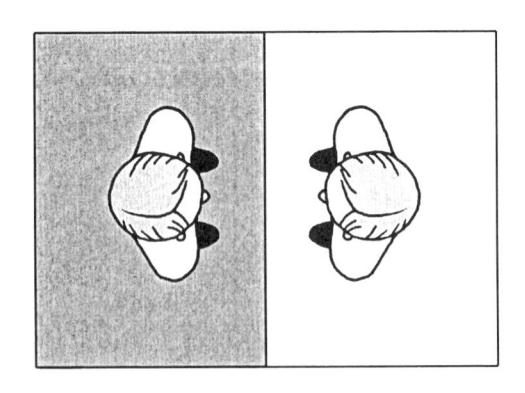

図17. 鏡に正対した人の実物と鏡像を上から見たところ
(グレー部分は鏡の中の空間)

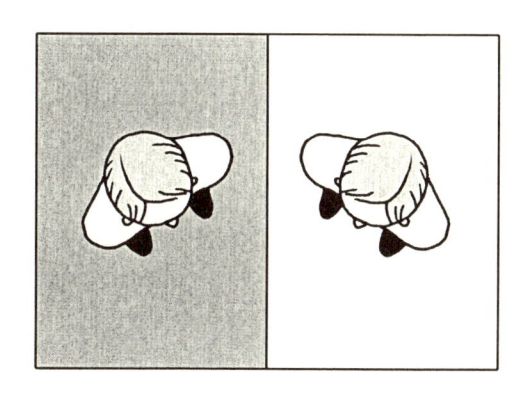

図18. 鏡に斜め向きに立った人の実物と鏡像を上から見たところ
（グレー部分は鏡の中の空間）

反転であって，空間枠組みの"前後軸"の反転でもなければ，鏡に映る個物の前後軸の反転でもないことをしっかり認識しておくべきである．

　図19のように，もっと極端な状況もある．これは，鏡に向かって

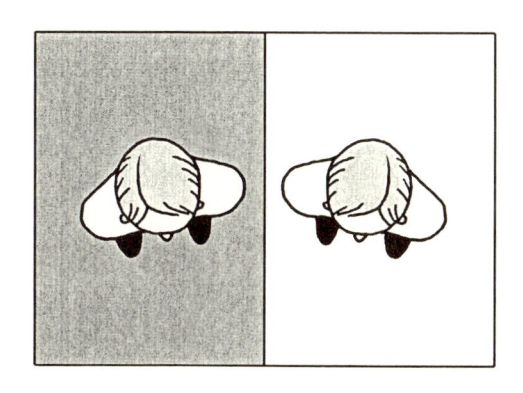

図19. 鏡にほぼ横向きに立った人の実物と鏡像を上から見たところ
（グレー部分は鏡の中の空間）

ほぼ横向きに立った自分の身体を映し出した状況である．こうなればもう，"前鏡"とは呼べない．ほぼ"横鏡"状態である．この事態では，はじめから"前後軸"に関する反転と言わずに，"左右軸"に関する反転と見なすべきかもしれないが，環境枠組みの直交3軸の名称が，鏡に映し出される対象物の姿勢の程度の差によってすっかり変わってしまったのでは，いかにも不安定である．そう考えると，前鏡や横鏡という言い方も，便宜的なものと見なしておくべきである．前鏡と横鏡の質的な分岐点を角度で規定することはできない．完全な横鏡の場合には平行移動という心的操作で実物と鏡像の対応づけを行うが，図19のような位置関係のときには，少し弓なりになった平行移動を要する横鏡状況と捉えることもできれば，緩やかな回り込みという前鏡状況と見なすこともできる．こうした不安定さから完全に免れるには，前後軸や左右軸という軸名を用いることをやめ，さらに前鏡や横鏡という表現さえ控える必要がある．しかし，これらのラベルは対象物と鏡の位置関係を把握するのに便利な用語であり，先にも述べたように慣習的に用いられているという事実もある．後にこの表現は示唆的な副産物をもたらしてくれることになるので(4.3で扱う「軸名のない物体」など)，あえて神経質にならずに，これからも使い続けていくことにしたい．

第3章

左右反転感を抱く場合2：
鏡に映った文字

紙に書いた文字を鏡に映すと，文字どおり"鏡文字"になる．それは，正常な文字の左右反転形である．本章では，この"鏡文字"をめぐる検討を行うことになる．鏡に映した文字を見るときに抱く左右反転感は，自己身体を鏡に映したときの左右反転感と同じなのだろうか．たとえ異なる面があるにしても，両者をわざわざ分けて検討する必要まであるのだろうか．そうした個別的検討を重ねていたのでは，際限ない場合分けが必要になるのではないか．いずれも，もっともな疑問である．本章で文字に関する検討を始める前に，これらの点にまず答えることから始めよう．

上記の疑問には，次のように答えることができる．高野(1997)が"多重プロセス理論"の中で主張するように，左右反転感を抱く心的過程は，身体像と文字の場合で明らかに異なっている．したがって，両者は心理学的に分けて扱うべきである．しかし，場合分けが必要なのは，これら2つの類型のみである．すなわち，前章の自己身体を鏡に映した際の"回り込み"と，本章の文字を鏡に映した場合の2類型をもって，左右反転感を抱くパターンの説明は完了する．左右反転感を抱くそのほかの場合は，これら2つを両極として，どちらかと同じか，あるいは両者の中間に位置していると考えることができる(高野は，横鏡に自分の姿や文字を映し出した場合の左右反転感を第3のタイプとして場合分けしているが，本書ではそれを第4章で扱う別の文脈に位置づけ，ことさら独立した類型とは見なさない)．それではいよいよ，第2類型である，鏡に映った文字に対して左右反転感を抱く心的過程を，自己身体に対する"回り込み"の場合(第1類型)と対比させながら説明していくことにしよう．

3.1 幾何光学的メカニズムは身体の場合と同じ

第1章で説明した，鏡像変換の幾何光学的メカニズムは，鏡に映る対象物が何であろうと，すなわち，前章で取り上げた自己身体であろうと，本章で扱う紙に書かれた文字であろうと，すべて同じように当てはまる．あえて異なる可能性があるとすれば，自己身体が3次

元実体物であったのに対し，文字は紙に書かれた2次元映像である点である．3次元実体物の場合は前後軸が明確だが，紙の上の2次元映像ではそれが分かりにくい．確かに，「紙の上に書かれた文字の前後とは何か」と問われれば，答えに窮するかもしれない．そのため，文字を別扱いすべきだとの提案があっても不思議でない．

　しかし，そのことを理由に，文字を別扱いする必要はない．紙に書かれた文字の前後とは，文字面と裏の白紙面だと考えればよい．すなわち，文字面を前とすると，その裏面である文字の書かれていない白い紙面が後ろ側ということになる．したがって，前後の反転とは，いままで白紙面だった面に文字が書かれていることを意味する．例えば，図20では，紙に書かれた文字は，紙から鏡側に向かっている．それに対し，鏡に映った文字は，反対向き，すなわち鏡面から実物の紙の方に向いている．前後の反転とは，紙から鏡への方向が，鏡から紙の方向に変わることに他ならない．このように理解すれば，紙に書かれた2次元映像であっても，身体のような3次元実

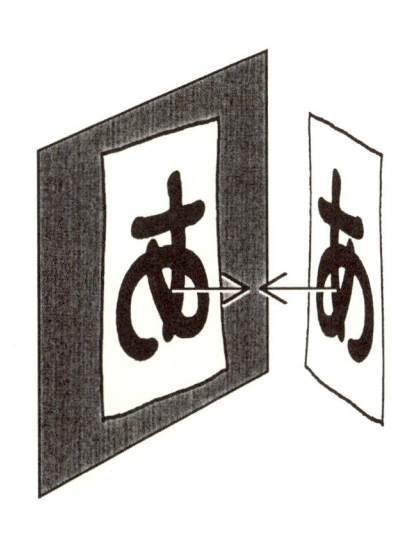

図20. 紙面上の文字とその文字の鏡像は前後反転関係

体物の場合と同じように，鏡面を対称面とする面対称変換により前後が反転すると言い表すことができる．

　両者を分けて説明しなければならない本当の理由は，次に示すように，実はこれとはまったく別のところにある．

3.2　文字の場合は回り込みを行わない：鋳型照合

　分けて考えなければならない本当の理由は，左右反転感を抱くまでの心的操作にある．それはまさに，心理学の問題である．身体を鏡に映した場合は，鏡の中の自己像と前後の向きを一致させるため，実物の自己身体を回り込ませ，その結果，左右反転感を抱くことになった．それに対し，鏡に映った文字を見るときには，われわれは"回り込み"など行わず，鏡映像を見ると即座に，その文字に左右反転感を抱くのである．心の働き方として，この違いは決定的である．

　文字の場合は，正しい字形がテンプレート(鋳型)として，われわれの頭の中にすでに記憶されている．そして，その(正しい)字形と照らし合わせて，鏡に映った字形が左右反転していると捉える．このような心的操作を"鋳型照合"と呼ぶことにしよう．図21に，「あ」という文字と，その鏡映像を示した．両者は，上下も前後も一致しており，左右だけが反転している．図21には，正しい字形(a)が示されているが，たとえそれが示されていなくても，(b)を見ただけで，

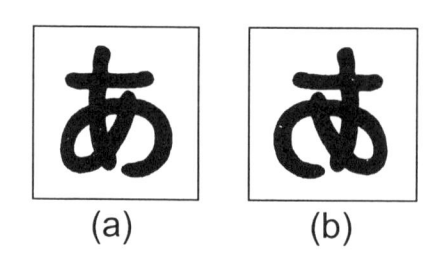

図21.「あ」とその鏡映像

左右反転文字(鏡文字)だと分かる．この点において，鏡に映し出された文字に抱く左右反転感は，"回り込み"による対応づけの場合とは対照的である．

"鋳型照合"に分類されるべきものは，紙に書かれた2次元映像に限らない．たとえ3次元実体物であっても，"回り込み"を行わず，即座に左右反転感を抱くものがある．誰もが納得できる具体例をあげるとなると必ずしも容易ではないが，本書のタイトルに掲げた"利き手判断"は，それに属することだと言える．例えば，左バッターであることをよく知っている松井やイチローがスイングをしているところを鏡に映して見ると，自分のバッティング・フォームと重ね合わせて判断するまでもなく，そのスイングが左右反対だと即座に分かる．文字の場合と同じく，左バッターの鋳型に合わないことが，それと気づかせるのである(2.6で取り上げた野球のグランドの左右反転感も"鋳型照合"に近い)．

3.3 アキラルな文字：左右反転しない事象の予告

文字を検討対象とするとき，文字に固有の性質として避けて通れない問題がある．前節では，「鏡に映った文字＝左右反転文字」のように説明しだが，それが当てはまるのは，左右非対称文字に限られる．文字の中には左右対称なもの，すなわち左右反転を起こさないものが少なくない．ここで左右反転感を抱かない文字について，本腰を入れて検討するつもりはない．本格的検討は次章にゆずり，ここでは，文字の鏡映像が必ずしも左右反転感を生じない事実のあることを指摘するにとどめたい．

もったいぶった前置きになったが，鏡に映しても左右反転しない文字の存在は，誰もがよく知っていることである．アルファベット文字には特にそのような文字が多い．中には，「o, I, X」や数字の「0」など，上下にも左右にも対称な文字まである．これらはすべて"アキラル"な形と言える．もちろん，アキラルな文字であっても，鏡映変換の幾何光学的メカニズムはキラルな文字の場合と変わらな

い．また，心的操作についても，対称文字に固有のプロセスがあるわけではない．対称性のない文字の場合とまったく同じメカニズムで進行するのだが，結果として，左右反転感を抱かないだけである．

ここでは，極端なケースとして，上下にも左右にも対称な「o」や「I」，「0」を使って説明しよう．図22に示すように，上下にも左右にも対称な文字"0"を書いた紙を向こう側(鏡の方)に向ける．鏡に映った字形は，紙の上に書かれた文字とまったく同じに見える．当たり前のことのようだが，他の場合との説明の整合性を求めて，このような見え方になる理由を，手順に従って確認しておきたい．

この図22では，鏡に映った文字は見えるが，それを映し出している紙は向こうを向いており，紙に書かれた文字を直接，見ることができない．これはやむを得ないことで，紙に書かれた文字を鏡に映すには向こうに向けなければならないのは当然である．そこで，第1章で行った第2段階の手順で，文字を書いた紙をこちら側にぐるりと180度回転させて比べてみてもよいのだが，幸いなことに，紙の表(文字面)とそれを映し出す鏡の映像を，回転などさせなくても同時に見ることのできる配置がある．紙面と鏡面を完全に向かい合わせ

図22. 上下も左右も対称な文字の鏡像はもとの文字のまま

図23. 実物と鏡像を同時に見ることができる配置

(平行)にするのではなく，図23のように，紙の表と鏡面とを直角か，少し鋭角に保つのである．そして，半開きにした本を立てて読むときのように，こちら側から見る．すると，紙に書かれた文字とその鏡像は，同じ視点から同時に見ることができる．

　さて，このような配置で，上下にも左右にも対称な文字「0」を鏡に映し出したものが，上の図23である．一目瞭然，「0」の鏡映像は，もとの字形「0」のままである．幾何光学的には実物の左右反転形が鏡に映し出されているのだが，もとの字形が左右対称であるため，変化したようには見えない．このような特殊なケースまで，わざわざ説明する必要はないように思われるかもしれないが，こうした形態的特異性を逆手にとって，鏡映反転の法則に反する事例に利用されかねないので，あえて念を押したわけである．見かけ上は法則に反するようでも，手順を踏んで追っていけば，法則性に合致することが確認できる．

3.4 鏡文字だと即座に分かるか？：文字列や偏と旁

　もう1つ，文字に固有の問題を取り上げたい．それは，鏡に映った文字が本当に左右反転感を与えるかどうかについてである．このことは，単独提示された文字ではなく，"文字列"で提示されたときに顕著になる．縦書きの日本語の場合なら，たとえ文字列で提示されても，単独提示の場合と変わらない．しかし，日本語でも横書きの場合，あるいは横書きする外国語の場合には，文字列自体が左右の方向性をもつため，単独提示事態とは異なる要因を抱え込むことになる．

　例えば，図24を見てもらいたい．「rent」という単語の鏡映像の候補を2つ示した．これを見て，即座にどちらが「rent」の正しい鏡文字かを答えることができるだろうか．たとえ答えることができたとしても，間違った方の文字列を見て，それを「rent」の誤った鏡映像だと即

tner　rent

図24. どちらが正しい「rent」の鏡文字か？

座に見抜くことができるだろうか．偏と旁からなる日本語の漢字の場合には，1字だけの単独提示であっても，これと似た性質を抱え込む．図25に，「始」という漢字の鏡映文字の2つの候補を示した．どちらが「始」の正しい鏡映文字なのかを迷わず答えることができるだろうか．

　これらのデモンストレーションは，さらに次の疑問へと導く．実はわれわれは，鏡に映った文字を見るとき，それをすぐに左右反転文字とまで認知しているのではなく，ひょっとすると，「正しくない文字(列)だ」と捉えているに過ぎないのではないか．積極的な左右反

战 始

図25. どちらが正しい「始」の鏡文字か？

転感ではなく,「正しくない文字(列)」であることから,消極的に左右反転文字(列)らしいと判断しているのかもしれない.われわれは,日常使用している自国語の文字や単語の形を熟知している.それに対し,鏡映文字は見慣れない間違った字形である.「見慣れない」とか「間違った」という違和感が,鏡映文字であるとの認知へ,間接的につながっているだけなのかもしれない.

逆に,鏡の中の文字列に見慣れた文字が混ざっていると,そのことに奇異感をもつことがある.例えば,英単語の「hard」の鏡映像には,図26に示すように,見慣れた「b」が含まれており,このような字形を鏡の中に見ると,「おやっ」と思ってしまう.アルファベット文字の場合,「b」と「d」,「p」と「q」は,お互い同士が左右反転関係にある.それに加えて,文字自体が左右対称形をなしているものも数多くある.小文字では,「i,l,o,v,w,x」,大文字では「A,H,I,M,O,T,U,V,W,X,Y」である.上下対称文字も,小文字で「c,l,o,x」,大文字では「B,C,D,E,H,I,K,O,X」と,これまたかなりある.日本語にも,「さ」と「ち」のように,互いに左右反転関係にある文字がある.これらのうち,「b」と「d」,「p」と「q」,

bɿɒd

図26.「hard」の鏡文字

「さ」と「ち」には，鏡に映ると別の文字の正しい字形になるという，紛らわしい性質がある．例えば，エレベータに乗っているときの体験である．近頃は階数表示に7セグメント表示を用いることが多いが，この表示法では，「2」と「5」が左右反転形になる(図27)．エレベータに乗って上から降りてくると，エレベータの中の鏡に映った階数表示を見ていてハッとすることがある．「6階」の次にいきなり「2階」になり，そして「4階」に戻るのである．見慣れない文字であってこそ"鏡文字"なのに，そこによく見慣れた字形が現れると，「5の鏡

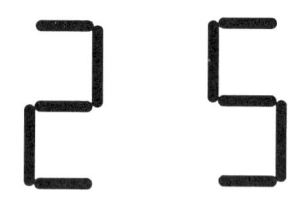

図27. 7セグメント表示の「2」と「5」

文字」と受けとめる前に，見慣れた文字の「2」と捉えてしまい，奇異感を抱く．

　本節の検討では，"鏡文字"とは，本来は左右反転文字のことだが，鏡の中にそのような文字を見たとき，直接的には「見慣れない文字」との印象しか得ていない可能性があることを指摘した．さらに加えて，鏡に映しても見慣れた文字になる字形(左右対称や相互に左右対称関係にある字形)は，文字の問題に特異な違和感を与えることになる．

　本章の趣旨に照らすと，次のように言うべきである．鏡の中に見える文字を見て取るとき，その文字が左右反転文字であるかどうかを，正しい字形を"回り込ませて"判断しているのではない．鏡に映った文字は最初からこちらを向いており，それを同じくこちらを

向いている正しい字形の鋳型と比べている．そこで起こっていることは，片手を上げて鏡の前に立っている人物に対して抱く左右反転感とは明らかに異なる心的過程である．

3.5 鏡の中の左利き

　前章と本章で扱った2つのケース，すなわち"回り込み"と"鋳型照合"を，左右反転感を抱く2類型と位置づけた．鏡の前に立って片手を上げたときには，"回り込んで"鏡の中の身体像に自分の身体を重ね合わせ，左右反転感を抱くことになった．それに対し，鏡に映した文字の場合には，回り込みなど行わず，鏡に映った文字を見るなり頭の中の正しい字形と"鋳型照合"して，左右反転感（そこまで至らず，「見慣れない文字」との違和感かもしれない）を抱いた．他のすべてのものは，これら2つを両極とし，どちらかと同じか，あるいは中間に位置すると考えられる．どこに位置するかは，対象物の性質や見る人の姿勢・視点にもよるが，個人差も大きいと思われる．

　この章をしめくくる本節では，両極の中間に位置するものの具体例として，本書のタイトルに掲げた"利き手判断"を取り上げたい．レストランなどで食事している人の様子を壁に掛かった鏡を通して見ていると，右利き動作がことごとく左利き動作に見える．誰しもが「鏡のいたずら」と承知している事象である．その際，「左利き」との知覚印象は，"回り込み"により自分の身体の左右と対応させて導き出した結果なのだろうか．それとも，鏡文字を見るときのように，その人の姿を鏡の中に見た瞬間，「左利き」と見て取っているのだろうか．

　対象が人の全身の形に関わることを考えれば，鏡の前で片手を上げた人の手の左右判断と同様，利き手判断の場合も"回り込み"を行った上で判断すると考えたいところである．しかしわれわれは，実感として，利き手判断に際してそのような心的操作を行っていると思えない．個人差もあろうが，少なくとももっと直感的に，「左利き」と捉えているようである．

この点をデモンストレーションするため，図28に，利き手に関わる人の諸動作を10種類掲げてみた．いくつかの画像には，左利き動作をまぜてある．できるだけ速く，10個すべての動作に対し，右利きか左利きかを判断してみてほしい．左利き動作と思うものに素早くチェックを入れていくのがよいだろう．ここで重要なことは，必ずしも右手を使っているから右利きだと判断できるとは限らない点である．中には，なじみのない競技の動作があるかもしれない．例

図28. 10種類の動作のうち左利き動作をすばやく見つけよう

えば,女性にとって野球の投球モーションなど,自ら行った経験がなく関心もない動作かもしれない.そのような場合には,描かれた画像に自分の身体を重ね,やっとのこと,どちら利き動作かを判断することになろう.しかし,全員が全動作に対して,そのような"回り込み"を行って判断するとはとても思えない.もしも,すべてを回り込んでから判断するなら,10動作の判断には相当の時間を要するはずである.すべての動作になじんだ人なら,おそらくずっと短い時間で全答できるに違いない.われわれは,利き手判断に際して,逐一,自らの動作を出発点に,"回り込んで"判断しているのではなさそうである.

第3章 左右反転感を抱く場合2：鏡に映った文字

　利き手動作に関して，身近な例で考えよう．箸を使って食事をしている，鉛筆で字を書いている，ハサミを手に紙を切っているなどの場面である．そのような動作を左利きで行っている人を見かけると，われわれはことさら利き手に注意を払っていないときでも，即座に「左利きだ」と気づくことが多い．とても，自分の身体をその人の身体に回り込ませてから判断しているとは思えない．教室などで，何人かの人の中に1人だけ左利きの人がまじっている状況なら，まわりの人たちと違うことから左利き者が"ポップアウトする"ということもあるかもしれないが，1人だけのところで見かけても，即座に左利きと分かることが多い．もちろんこれらは，鏡の世界のことではなく，日常生活場面で直接，見かける人に対する利き手判断である（図29参照）．

　左利きの人を見かけたとき，即座に「左利きだ」と分かる理由が，上での推察どおり，「見慣れない所作」との直感によっているのだとすれば，鏡に映った人物の利き手判断は，どう捉えればよいのだろうか．現実には右利きの人たちが圧倒的に多いわけだから，鏡を通して見るときには，逆に左利き動作が圧倒的に多いはずである．に

図29. どちら利き動作なのかが直感的に分かる？

もかかわらず，現実生活場面と同様に，鏡を見ているときもわれわれは，左利き所作(本当は右利き)の方を直感的に「見慣れない所作」と見て取っている．鏡を通して見るという状況に限定すれば，右利きに見える所作(本当は左利き)に対して，「見慣れない」との直感的判断を下してもよいはずではないか．

　この疑問には，「鏡を通して見る状況に限定する」ことが不適切だと考えるべきである．他人の動作を鏡を通して見る機会は，直接見る機会に比べて圧倒的に少ない．おそらく，直接見る機会と鏡を通して見る機会の体験全体から，「見慣れない所作」(左利きに見える所作)への直感的気づきが育っていくのだと思う．もしかすると，鏡を通して人のしぐさを見る機会が極端に多い職業の人なら，全視覚体験数を通しても，左右の利き手動作を見る機会にそれほど差がなく，したがって左利き所作に気づく直感力が弱まっているかもしれない．あるいは，自身が左利きの人は，自らの左利き動作を頻繁に目にすることから，やはり左利き所作に対する直感的気づきが弱いかもしれない(これらについては，今後の課題を扱った7.4で検討する)．

　ここでは，"鋳型照合"的側面を強調したが，利き手判断は，おそらく"回り込み"法と"鋳型照合"法の2つの方略を取り込んで，個人差や状況差とも複雑に絡みながら進行する心的処理なのだと思う．利き手判断については，後の第6章で別の角度から改めて取り上げることになる．

第4章
鏡映像に左右反転感を
抱かない事象

第4章　鏡映像に左右反転感を抱かない事象

　　鏡に映し出されたものが何であっても，幾何光学的変換過程に違いがあるはずはない．にもかかわらず，鏡像問題にいくつかの場合分けが必要なのは，鏡像を見る人の心の働き方に状況に応じた違いがあるからである．われわれは，鏡に映し出されたものによって，左右反転感を抱いたり抱かなかったりする．これまでの2つの章で見てきたように，左右反転感を抱く場合にも2つの類型があった．本章では，鏡に映し出された映像に左右反転感を抱かないケースに焦点を移していく．対象物の特殊性ゆえに左右反転感を抱かないこともあれば，鏡の設置面がいわゆる前鏡でないことによることもある．トピックごとに節を分け，構造を整理しながら検討していきたい．

4.1　特殊な対象物1：自分の顔を鏡に映す

　日常生活でわれわれが鏡を覗く目的は何であろうか．重要な目的の1つに，自分の顔や髪を映し出して手入れをすることがある．男である筆者でさえそう思うのだから，女性ならなおさらであろう．はたしてわれわれは，鏡を覗いて自分の顔を見ているとき，自分の顔が左右反転していると知覚しているのだろうか．

　人間の顔は厳密には左右対称でなく，右半分と左半分で少しばかり違っている．目の大きさが違ったり，眉の高さや形が違ったり，あるいは口が右上がりであったりと，誰にでも多少の左右差がある．それが証拠に，写真に撮った正面顔の右半分と左半分から作った左右対称な2つの顔は，ずいぶん違った出来映えになる．左顔を作るには，顔写真の左半分を左右反転させ，本当の左半分と合成すればよい．右顔も，同様にして作ることができる．図30の下の2つは，そのようにして作った右顔と左顔の例である．モデルという職業柄，均整のとれた顔であるにもかかわらず，左顔と右顔にはかなりの印象差がある．

　そのように違っている右半分と左半分なのだから，本当の顔とそれを左右反転させた顔も，それなりに異なった印象を与えるかもしれない（図30の上の2つの顔）．もしそうなら，自分がいつも見ている

正（他人が見た自分の顔）

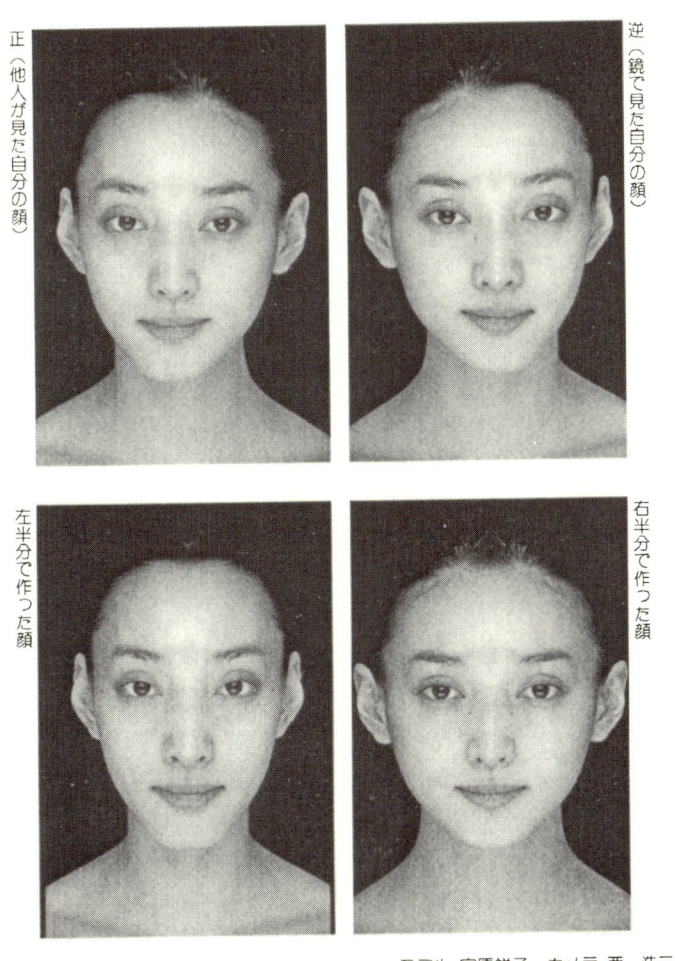

逆（鏡で見た自分の顔）

左半分で作った顔

右半分で作った顔

モデル 宮原祥子　カメラ 西 浩二

図30. ヒトの顔の左右非対称性（はらだ，1996より引用）

　鏡の顔と，他人が見ている自分の顔の，いったいどちらを本当の自分の顔と言うべきなのだろう．ふだん自分で見ている顔は，鏡に映った顔である．それに対し，他人が見ている顔はその左右反転形

である．髪の毛の分け具合まで含めると，2つの顔はずいぶん違っている．

「本当の自分の顔はどちらなのか」と問うこと自身，興味深い問題である．特殊な職業，例えばテレビ・タレントやニュース・キャスターなど，モニター画面を通して自分の顔を向かい側から撮影した映像を頻繁に見ている人たちにとっては，モニターに映った方が自分の本当の顔なのかもしれない．しかし，これは特殊なケースで，通常のわれわれは，鏡を覗いてそこに映っている顔こそ自分の顔だと思っている．

ここまでの話なら，自分の顔は鏡を通してしか見ないことが鏡の顔に左右反転感を抱かない理由だとして，鏡像問題の本質には関わらない話としてすませることもできる．だが，ここで問題にしたいことは，お化粧など，鏡に映った自分の顔に働きかけているとき，われわれは鏡の顔に左右反転感を抱いているかどうかという問題である．たとえば，右の頬に大きなホクロがある場合を考えてみよう（図31参照）．ホクロは，鏡の中の自分の顔の右側にあるか，それとも左側か．答は微妙である．"回り込み"により，自分の顔をこちらに向き直らせて捉えれば，ホクロは左の頬ということになる．しかし，本人は，自分のホクロが本当は右の頬にあることを知っているし，鏡を覗いても，右側に映った頬にホクロが見えている．そのホクロを右手で触れると，その手と同じ側にホクロが触れるし，そのように見えもする．これだけ条件がそろえば，これはもうホクロは右の頬にあるとしか捉えようがない．さらに，眼を閉じて，右頬のホクロに右手で触れてみると，ホクロが右頬にあることをいよいよ実感できる．再び目をあけてホクロを鏡の中に見たとき，ホクロがその瞬間に左の頬に飛び移ったと感じる人などいない．結論は明白で，「ホクロはどちらの頬にあるか？」との問いには，「ホクロは右の頬にある」となる．すなわち，鏡に映った自分の顔は，左右反転していないのである

ここで，本書の議論の中で最も重要な主張，すなわち，鏡の像に

図 31. 鏡に映った自分の顔：ホクロはどちらの頬にあるか？

　左右反転感を抱く場合と抱かない場合を分けるものは何か，という問題に言及したい．鏡の中に自分の顔を見たとき，実際に右頬にあるホクロが鏡の中でも右頬にあると見える理由は，鏡に映った自分の顔の左右軸が，現実空間にある自分の顔の左右軸と反転していないことにある．言い換えれば，鏡の中の映像の左右軸と現実空間にいる自分の左右軸が，同一軸として共用されているのである．

　それに対し，前章までに検討してきた，鏡の前に立って片手を上げた自分の姿や鏡に映った文字に左右反転感を抱く場合は，実物に対する左右軸と鏡像に対する左右軸を別個のものと設定していたのである．より正確に言えば，左右軸に先立つ前後軸の設定に際して，実物の前後と鏡映像の前後に別個の前後軸を当てはめていた．最終的に左右反転感を抱くのは，そのことに起因する当然の帰結なのである．実物と鏡像には，ともに腹が前で背中が後ろという前後

第4章 鏡映像に左右反転感を抱かない事象

軸が当てられていた．実物と鏡像の前後軸が反転していると評価できるのは，両者に共通の"前後軸"を当てはめていたからである．しかし，共通の"前後軸"から切り離され，実物と鏡像のそれぞれに，ともにお腹が前で背中が後ろという別々の前後軸を当てはめた時点で，両者の個物としての前後反転は解消する．そして，それと引き替えに，左右反転感が生じるのである．このことは，実物と鏡像が"対掌体"関係にあることからくる宿命である．

　それに対し，お化粧をするために鏡を覗いている状況では，実物と鏡像は左右軸を共用している．そのためには，実物と鏡像の顔は固有的定位としての前後をもっているにもかかわらず，それらを反

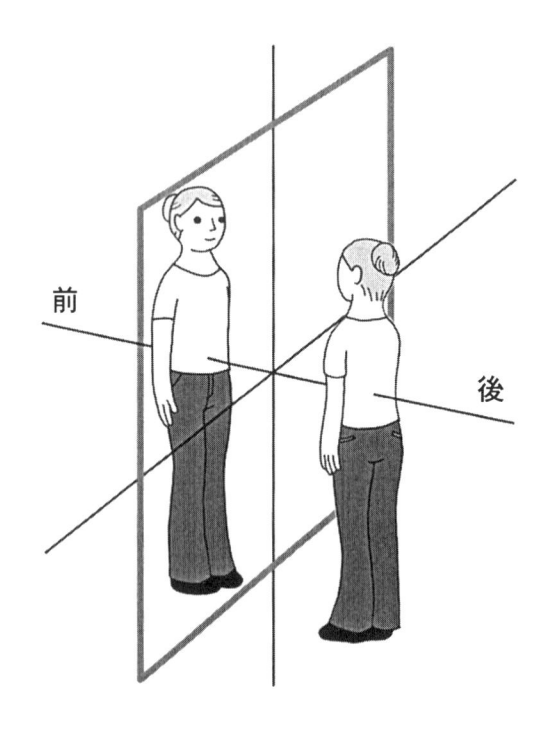

図32. 固有的定位をもつものが3軸を共用する状態

転させたままにしておかねばならない．その状況を全身について表現すると，図32のようになる．すなわち，鏡像の前は，背中側ということになるのである．

　前後が反転したまま化粧するとは，どのような状況を言うのだろうか．そもそも，そのような認知など可能なのだろうか．この問いへは，次のように答えることができる．鏡に映った自分の顔を見ていて実物の顔と鏡像の顔が前後軸を共用しているとき，明確な前後反転感を意識しないですむように，鏡面に垂直な奥行方向（前後方向）を無視しようとする．そうして，矛盾感をかわすのである．その状態を映像的に表現すれば，図33のように，鏡に映った顔を，まるで奥行のない平板な板のように扱うことになる．そうすることで，前後の反転感をかわしている．そのような犠牲の上に，鏡に映った顔への上下と左右に関する微妙な働きかけを正確に行えるのである．例えば，女性が化粧で，鼻側から耳側へ右方向へ動かして右の眉を引く場合を考えよう．このとき本人は，筆をもった自分の手を思い通り動かし，微妙な線を正確に引くことができる．その様子を鏡の中で見ると，筆をもった手も右の方に動いていく．こうした微妙な視覚－運動協応は，左右の取り違えがあったのでは，とてもできない．それがないからこそ，できるのである．

図33. 前後反転を無視するために顔を平板な板のように捉える

第4章 鏡映像に左右反転感を抱かない事象

　ところが，化粧中でも，やむを得ず前後の把握を正確に行わなければならない事態が生じる．例えば，鏡を見ながら櫛とハサミを使って自分で髪の毛を切る場合を考えてみよう．思い通りの角度に櫛とハサミを当てることができず歯がゆい思いをした体験が，誰にでもあると思う．これこそ，奥行方向(前後方向)に関する視覚情報の間違い(反転)のために生じる混乱なのである．

　こんな批判をする人がいるかもしれない．鏡を見ながら櫛で髪の毛をとくとき，何の混乱もなくスムーズに櫛を操ることができるではないかと．しかしその作業は，鏡を見ながら自分で髪を切るときのような微妙な視覚－運動協応を必要としない．鏡など見なくても，手慣れた身体動作として，目を閉じていてもできる動作である．それに引き替え，櫛とハサミを操って狙った位置の髪の毛を思い通りに切らなければならない状況では，奥行方向に関する正確な視覚情報が欠かせない．そのことがうまくできないという事実は，視覚像の前後反転を証拠立てている．

　この事例から導ける結論は，鏡の中を覗いて自分の顔や頭を見ているとき，実物とその鏡像は，図34に示すように，上下・前後・左

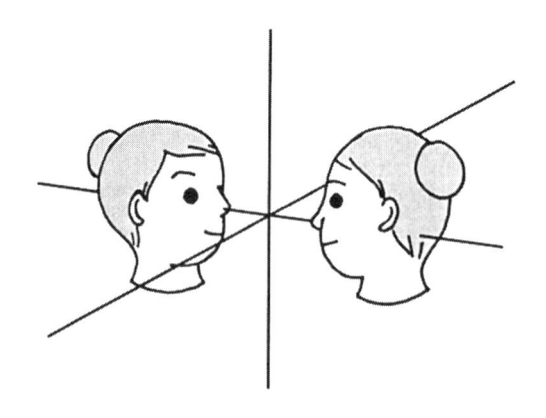

図34. 直交3軸すべてを共有する実物の顔と鏡の中の顔

右すべての軸に関して座標系を共用しているということである．だからこそ，上下と左右に関する微妙な操作を，正しい視覚情報に基づいて正確に行えるのである．しかし，前後の働きかけが必要になると，光学反転の影響をまともに受けて，まったくもって視覚－運動協応は混乱することになる．

考えてみれば，この知覚様式は，第1章で解説した幾何光学的変換に忠実な事態と言うことができる．幾何光学的解説の第1段階では，実物と鏡像が共通の空間座標系内に定位されていればこそ，"前後軸"の反転が結論できたのである．「反転するのは前後であって左右ではない」というあの見解は，化粧時の視覚－運動協応にぴたりと当てはまっている．

4.2 特殊な対象物2：カップや弓の矢

人間の身体だけでなく，日常使うさまざまな物品には，上下・前後・左右が定まっているものが多い．例えば，目覚まし時計では，上がどこで，前がどこかが決まっており，したがって左右も確定する．対象物に固有に定まっている上下・前後・左右の3軸は，図35のように，たとえ目覚まし時計が転がっていても（したがって，空間枠組みの上下軸と目覚まし時計の上下軸が大きくずれていても），変わ

図35. 固有的定位をもつ物品は転がっていても上下・前後が揺るがない

第4章　鏡映像に左右反転感を抱かない事象

らず安定している．このように，空間枠組み軸との関係にかかわらず，物品自身がもつ方向性のことを"固有的定位"と呼ぶ．このことは，すでに2.3で解説したとおりである．われわれを取り巻く日常物品はほとんど，固有的定位をもっている．

　しかし中には，無地のコーヒーカップのように，固有的定位としての上下はあっても，前後をもたないものもある．その場合，前後が決まらないことから，左右も決まらない．その証拠に，カップについている取っ手は前についているのか後ろなのか，それとも右なのか左なのかが確定しない．したがって，前後・左右が定まらない以上，図36に示すように，鏡の中のコップに前後反転感や左右反転感は抱かない（厳密に見れば，取っ手の位置を比べると，実物と鏡像

図36. 鏡に映ったカップには左右反転感を抱かない

で前後が反転していると分かるが，観察者はあえて前後反転感を抱かない．ここでの議論をより完全なものにするためには，このカップから取っ手を取り除けばよい）．カップに前後がないことから，実

物と鏡の中のカップを対応づけるとき，"回り込み"など行わずに，平行移動によって重ね合わせることになる．"回り込み"とは，前後が明確な対象物に対して，実物と鏡像物の前後を合わせるために行う心的操作である．カップの場合も，前節の「自分の顔を鏡に映す」場合と同様に，実物世界と鏡像は直交3軸を共用することになる（図37参照）．

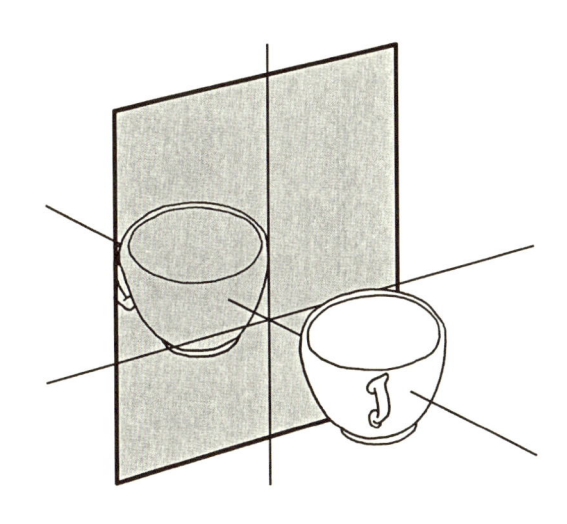

図37．実物と鏡像のカップは3軸を共用する

　あるいはまた，上下が定まらない物品もある．図38に示した弓の矢がその例である．飛んでいく方向（矢先）が前で，羽根のある部分が後ろであることは決まっているが，上下は定まらない．重力に逆らって飛んでいく矢にとって，上下は必要ないのかもしれない（銃弾なども同様）．要するに，矢は"固有的定位"としての上下をもたない．そのため，第3軸である左右軸も発生しない．そこで，矢を鏡に映しても，鏡像の矢にわれわれは左右反転感を抱かない．図39のよ

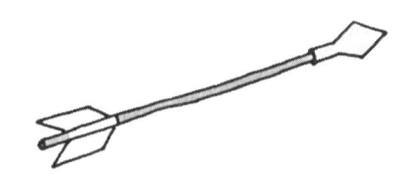

図38. 弓の矢には前後はあるが上下がない

うに，実物の矢と鏡像の矢は，ここでもやはり，3軸を共用していて，"回り込み"ではなく平行移動によって対応づけられる．

さらに極端な例は，マークの入っていないボールのように，上下も前後も，したがって左右も存在しない物品である．こうなれば，左右反転感など，起こるはずがない．

これらの物品で，鏡に対して左右反転感を抱かないのは，物品

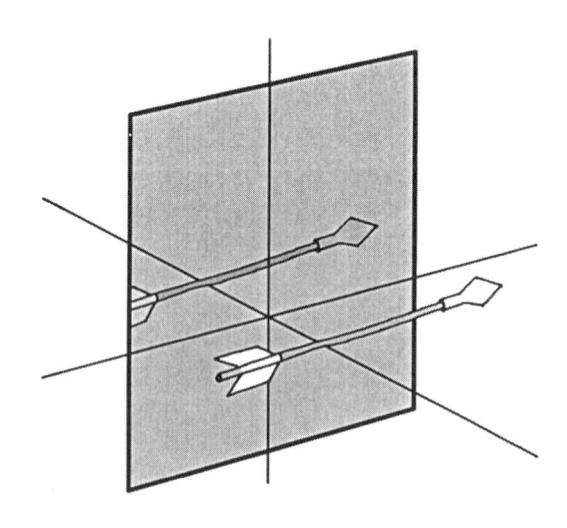

図39. 矢を鏡に映しても左右反転感を抱かない

の形態的特性にその原因があるのであって，決して幾何光学レベルで特殊な鏡映変換が起こっているためではない．他のものと何ら変わらない鏡映変換を被っているにもかかわらず，左右に当たる部分がまったく区別できないため，変換に気づかないのである．本節と次節で取り上げる物品は，固有的定位としての上下や前後をもたない．そのような対象物のもつ特徴が，鏡の像に左右反転感を抱かせない事態を生むのである．

4.3 特殊な対象物3：軸名のない物体

自己身体像への"回り込み"を解説した第2章で，メンタル・ローテーション実験に言及した(2.7)．そこで用いられていた積み木図形には，きわめて興味深い性質がある．3軸すべてに関して，形態的に区別できる非対称性があるにもかかわらず，上下・前後・左右という軸名が発生しないのである．すなわち，積み木図形は，いずれの軸に関しても固有的定位をもたないことになる．

固有的定位がないという点では，前節で取り上げたボールなどと同じである．しかし，ボールなどの場合は，形態的区別がつかないことが固有的定位をもたない理由であった．例えば，矢では，前後は形態的にも機能的にも違っているが，どこが上でどこが下なのか，機能面のみならず形態的にも区別できない構造になっていた．それに対し，積み木図形では，直交3軸を当てはめれば，図40に示すように，どの軸に関しても両極の形は異なっていて，区別することができる．しかし，どこがこの物体の前でなければならないとか，上でなければならないなどの機能的区別がない．ある物体の上下や前後がどこなのかは，その部分のもつ役割や意味により決まってくる．積み木図形には，どこをとってもそのような固有的役割がない．したがって，直交3軸を当てることはできても，上下・前後・左右という軸名は発生しない．この積み木図形が，もし机の上に置かれているなら，少なくとも机に接した面がこの積み木の下でその反対側を上とする軸名を当てることができるだろう．しかし，メンタ

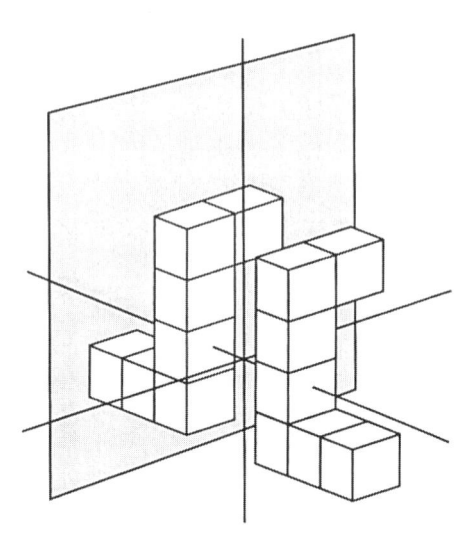

図40. 積み木はどの軸にも形態的違いがあるのに左右反転感を抱かせない

　ル・ローテーション課題では，積み木は宙に浮いており，重力の支配さえ受けない物体として扱われていた．そうした特殊事情も加わって，直交3軸の機能的差別化はいよいよできなくなる．
　こうした性質をもつ積み木図形を鏡に映してみると，きわめて示唆的な知覚印象が生じる（鏡に映す場合は，紙に描かれた積み木図形ではなく，3次元実体物としての積み木でなければならない）．図41に示すように，前鏡に映せば前後反転感，床鏡に映せば上下反転感，そして横鏡に映せば左右反転感を抱くことになる．もともとこの積み木には，上下も前後も左右もなかった．そこで，現実空間内での鏡の設置面がもつ方向的意味が，反転する軸に軸名を与えることになる．この事例では，第1章で解説した，「前鏡の場合，反転するのは前後軸であって左右軸ではない」との幾何光学的記述がそのまま当てはまることになる．「横鏡の場合，反転するのは左右軸」「床鏡の場合，反転するのは上下軸」ともなる．鏡像問題を解き明かすロ

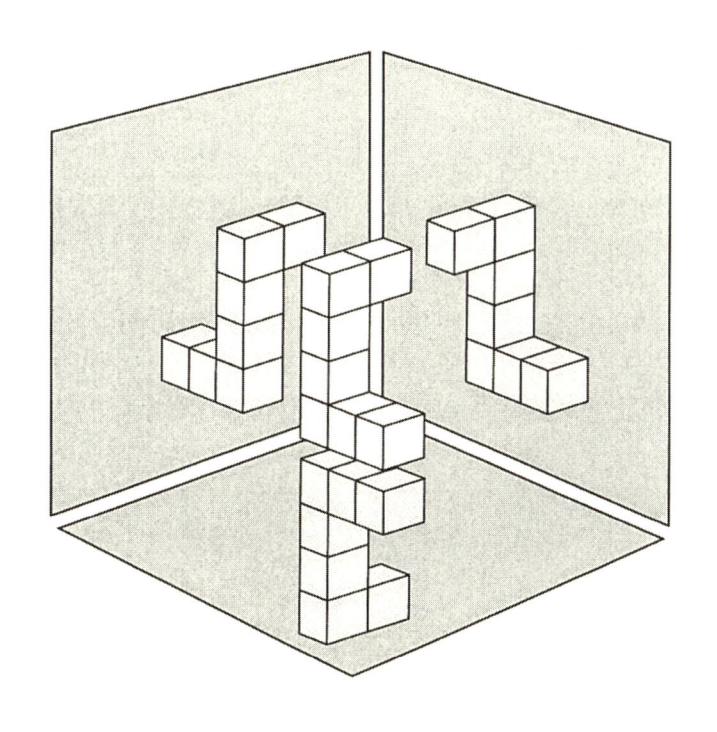

図41. 積み木は映し出す鏡の位置に応じて反転する軸が変わる

ジックを組み立てるためには，特殊な物品ではあるが，このような等質的性質をもつ積み木を議論のスタート・ラインに立たせればよかったと思うくらいである．

4.4 鏡の位置の問題："逆さ富士"は上下の反転

　鏡に映し出される物体の性質次第では，鏡映像に左右反転感を抱かない場合があることを確認できた．その原因は，自分の顔や弓矢・ボールなど，物体の側の特殊性にあった．しかし，鏡映像に左

第4章　鏡映像に左右反転感を抱かない事象

右反転感を抱かない状況を生み出すより一般的な要因は，鏡の設置面である．本節の表題に掲げた"逆さ富士"は，その好例と言えよう．ここで"逆さ富士"と言っているのは，もちろん「上下逆さ」の富士のことである．図42のように，湖面に映った富士山は，実物の富士山（と言っても図に描いたものだが）と上下次元で反転している．この場合，湖面が鏡の役目を果たしており，地面に敷かれた大きな"床鏡"ということになる．鏡の設置位置が重要な検討課題となる理由を，この事例を用いて説明していきたい．

　第1章の幾何光学的説明のところで述べたように，1枚の鏡は，対象物の上下・前後・左右の直交3軸のうち，鏡面と直交する1軸のみを反転（負号化）させる．これが，鏡映変換の物理学的性質であり，"逆さ富士"もこのルールに従う．"逆さ富士"の場合，床鏡であるこ

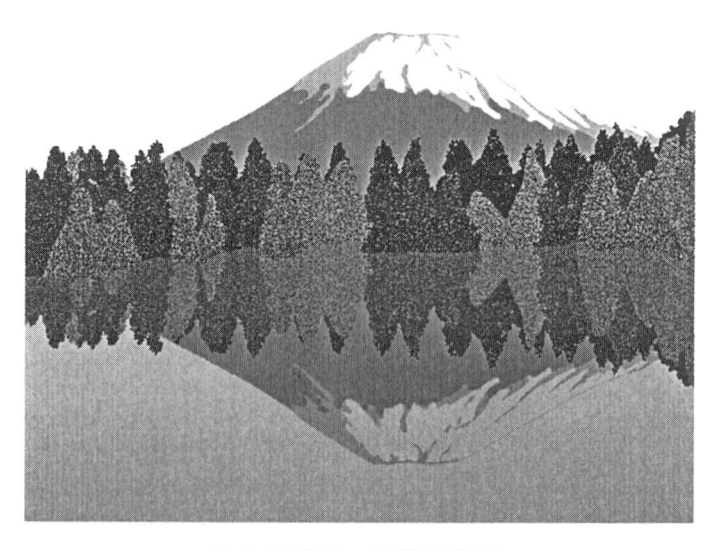

図42. 湖面に映った"逆さ富士"

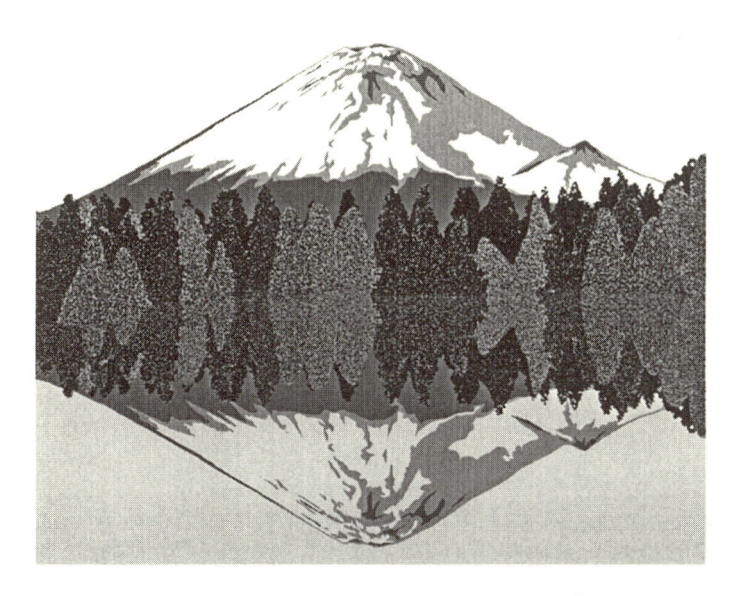

図43. 左右非対称な富士山とその"逆さ富士"

とから，反転するのは上下軸である．ということは，残る2軸(前後と左右)は，そのとき反転していないはずである．図43に示した少し変わった富士山で，この点を確かめてみよう．実物の富士山と湖面に映った鏡映像の富士山は，ともにこちら側に向いている．すなわち，前後は一致している．左右については，富士山は左右対称的な山なので見極めにくいが，完全な左右対称形ではなく，確かめることができる．たとえば，富士山にはある角度から見ると中腹に宝永山という出っ張りがあり，左右の非対称性を生んでいる．実際にはこの角度から湖面に富士山が映ることはないのだが，図43は富士山こどもの国方向から見た富士山の形を，湖面に映したと想定して描いたものである．この宝永山の位置を手がかりに，"逆さ富士"の左右反転の有無を考えていきたい．

　図を見ると，実物の富士山では宝永山が右側にあり，湖面に映っ

第4章 鏡映像に左右反転感を抱かない事象

た"逆さ富士"でも，やはり右側に見えている．したがって，左右反転は起こっていない．ところが，中には"逆さ富士"では，「左右も反転している」と主張する人がいるかもしれない．その人たちは，湖面に映った"逆さ富士"を，そのままでは実際の富士山の左右と比較できないので，湖面の富士山をぐるりと180度回転させ，実物の富士山と上下をそろえてから判断しようとする．図44がそれである．このようにして上下と前後をそろえたところで両者を比べると，確かに2

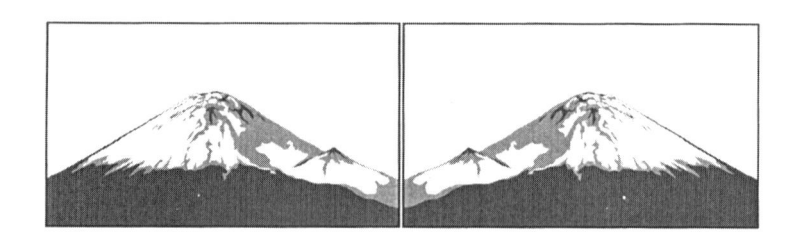

図44. 富士山（左）と逆さ富士（右）に別個の上下座標を当てれば

つの富士は左右反転している．ゆえに，実物の富士山と湖面に映し出された"逆さ富士"は，上下だけではなく左右も反転していると主張するのである．

　しかし，一連の比較手続きを着実に追っていれば，「上下のみならず左右も反転している」と見なすことが誤りなのは明白である．左右性を比較するために2つの富士山の上下をそろえた時点で，上下反転は解消してしまっているからである．上下反転がなくなった時点で，そのしわ寄せが，"鏡像による1軸反転の原理"によって左右に押しつけられたのである．2つの富士山は，「上下か左右のどちらか一方が反転している」とするのが正しい見解である．文字どおり"逆さ富士"と捉えているときには，実物の富士山と湖面に映った富士山は共通の単一座標(特に上下座標)のもとに定位され，上下反転と捉え

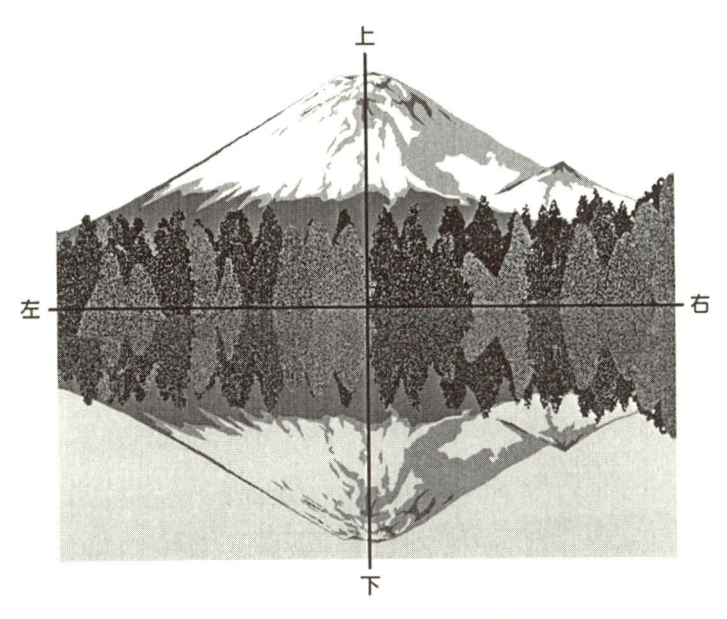

図45. 富士山と逆さ富士に共通の座標系を当てれば

られる．それに対し，宝永山が左右どちらであるかを見極めようとするときには，2つの富士山に対し，ともに山頂を上とする個別の上下座標を当てはめていることになり（その時点で上下反転は解消），左右反転と判断されるのである．

　本章では，鏡の像に左右反転感を抱かない事例を収集している．その意味では，"逆さ富士"と知覚している事態が条件に適っている．図45に示したように，実物の富士山に対して当てられた座標軸，中でも上下軸は，実物の富士山のみならず湖面の富士山と共用されている．その枠組みにおいて，鏡に映った富士山の山頂は下方向であり，上下反転している．実物と鏡像が座標系を共用しているか個別の座標軸が当てられているかによって，左右反転の有無が決まるのである．

4.5 共通の枠組み空間：車のバックミラー

富士山を映し出していた湖面は，床鏡の役割を果たしていた．前鏡以外の鏡の設置面には，床鏡のほか，天井鏡や横鏡などがあり，それらについても個別的検討が必要なのかもしれない．しかし，それらの設置面には，取り立てて検討すべき固有の問題はない．天井鏡に関しては床鏡が代表し，横鏡に関しては幾何光学的説明の第1段階から左右が反転しているわけだから，左右反転感が生じる理由をことさら検討する必要はない(高野の"多重プロセス理論"では，この状況を左右反転感を抱く第3のタイプに掲げている．しかし，そこには心的機能として固有のメカニズムがあるわけではないので，本書では「鏡面位置に規定される見え方」という枠組みに含めることにした)．

そのような鏡の設置面の要因よりも，これまでの検討で浮かび上がった座標系の共用問題の方にさらに目を向けるべきである．実空間と鏡の中の空間を共通の座標系で捉えることが，鏡像に左右反転感を抱かない決定的理由だと考えられるからである．本節では，この要因が前面に浮かび出る事象を探っていきたい．

第2章で扱った自己身体の場合は，実空間にある身体の前後軸と鏡に映った身体像の前後軸が逆方向に向いていた．その際，この表現が誤解を生むことに注意を喚起しておいた．実は，両者が同一座標系内で逆向きであるからと言って，そのことは個物としての両身体の前後軸の反転を意味しない．同一座標系内で評価すればこそ反対向きだと評価されたが，実物と鏡像の両者に，腹が前で背中が後ろという前後軸を当てはめることになり，その結果，両者の前後は一致するのである．そして，両者の前後軸が一致したと捉えた時点で，そのしわ寄せが左右軸に及び，対象物と鏡像は左右反転していると知覚される．この関係性は，実物とその鏡像が"対掌体"であることのいわば宿命である．それに対し，本章で扱った自分の顔や"逆さ富士"では，実物と鏡映像に個別の前後軸や上下軸をあてがわず，同一座標空間内に両者を位置づけており，そのために左右反転感を

抱かなかった．その代わり，鏡の中の自分の顔や頭に対しては前後の混乱が，湖面に映った富士山の場合には"逆さ富士"の名にふさわしく上下の反転が生じていたのである．

　このような観点をさらに明確化する例に，自動車のバックミラーがある（自動車の運転者が自分の車の後ろの様子を見るために利用するルームミラー，フェンダーミラー，ドアミラーを合わせてバックミラーと呼ぶことにする）．図46に示すように，1台のオートバイが，自分の運転する自動車を追い越そうとしている様子が，バックミラーに映っているとしよう．そのとき，運転者には実物のオート

図46．バックミラーに映ったオートバイが自分の自動車を右から追い越そうとしている

バイは見えておらず，鏡に映った像からオートバイの動きを捉えなければならない．万が一，左右どちらから追い抜こうとしているかを取り違えるようなことがあれば，大事故になりかねない．この事態で，もし自動車の運転者に，左右反転したバックミラーの映像から正しい左右方向を割り出す作業を求めているようなことがあれば，とっさの判断時にはこの上なく危険である．運転者は，決してそのような翻訳など行っていない．

　それではなぜ，運転者はバックミラーに映ったオートバイや自動車の左右を正しく知覚できるのだろうか．それは，バックミラーを

図47. 自動車の中の実空間・車外の実空間・鏡の中の空間のすべてに共通する単一座標系が用いられている

見ている運転者が，実空間にいる自己身体や車体の左右と，バックミラーに映った鏡像空間の左右を同一座標系内に定位しているからである．すなわち，座標系はすべてを含み込んで共用されている．それゆえ，バックミラーの中で右に動いていくオートバイは，実空間でも右に動いていると，何らの変換操作も要さず，直接的に知覚できるのである．図47を見てほしい．実空間とバックミラーに映った鏡像空間は，同一座標系内に捉えられている．

　しかし，そのために，困ったことも生じる．それは，前後に関わる情報が，事実と反転することである．上下も左右も反転していない以上，前後が反転することが鏡像の宿命である．自動車のバックミラーの場合も，むろん例外でない．自分の自動車に後ろから近づいてくるオートバイが，見ようによっては自分の自動車の前から正面衝突してくるように見える．誰しも最初は，このようなバックミラーの映像に戸惑っていたのだと思う．ただし，人間の適応力は柔軟で，運転に少し慣れてくると，前後に関する情報を無視することで戸惑いを解消できるようになる．しかし，熟練ドライバーになっても，映像に忠実に見ようとすれば，後ろから近づくオートバイが，バックミラーの中では自分の自動車の前方から迫ってくるように見えなくもない．もちろんわれわれは，現実がそうでないことを知っているし，鏡が自動車の後ろの風景を映し出していることも知っている．そこで，バックミラーに映った映像の前後情報に無感覚になれるのである．幸いなことに，別の手がかりが，鏡に映ったオートバイなどの接近情報を正しく伝えてくれる．それは，バックミラーに映った対象物映像の拡大と縮小である．急激な拡大は急接近を意味し，大きさが変わらず維持されていることは，そのものとの距離が一定に保たれていることを意味する．こうした像の拡大・縮小情報は，バックミラーを見るに際して新たに学習するまでもなく，実空間においてすでに使い慣れている知覚情報処理様式である．このように，バックミラーの映像には，前後軸の不一致がもたらす多少の奇妙さは伴うものの，実物の世界と鏡の中の世界を同じ

座標系内に捉えていることが，左右に関する迅速で正確な情報処理を可能にしてくれるのである．

4.6 実物と鏡像が同時に見えること

実物とその鏡像が同時に見えていることは，座標系の共用を促すことになると思われる．例えば，実物の富士山と湖面に映った富士山が同時に見えていれば，"逆さ富士"との印象は一段と強まる．しかし，同時に見えていなければ"逆さ富士"に見えないわけではない．湖に映った映像だけしか見えないときでも，十分に"逆さ富士"に見える．鏡の映像に現実空間の座標枠組みを押し当てることは，少なくとも上下軸に関しては難しいことでない．本節では，この点の確認を行いたい．

図48は，火のついたロウソクを床鏡の上に立てたところである．2つの映像は，確かに上下反転関係にあり，鏡に映ったロウソクが上下反転していると，明確に捉えることができる．ここでもし，図49のように，実物のロウソクを何かで覆い隠し，こちらから見えなく

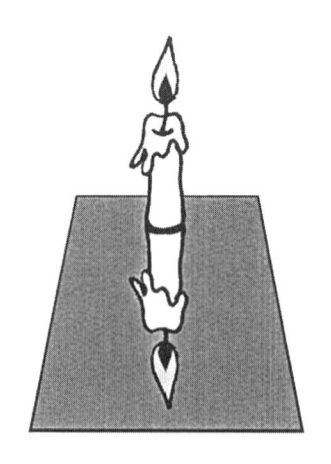

図48. ロウソクを床鏡の上に立ててみれば

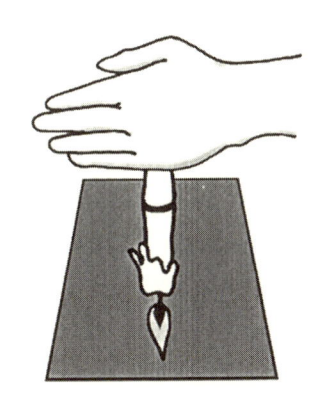

図49. 実物のロウソクを覆って見えなくしても

してしまっても，鏡の中に見えるのはやはり上下反転したロウソクである．したがって，実物のロウソクが同時に見えていることは，鏡映像の上下反転感に不可欠な要因ではない．

　もちろんこのとき，鏡に映ったロウソクに左右反転感は抱かない．念のため，左右の違いがはっきりした対象物を使って，この点を確かめておこう．文字を使うのが分かりよいであろう．図50は，ひらがなの「お」を書いたカードを床鏡の上に立てた状態である．「お」は上下にも左右にも非対称なので，上下か左右が反転していれば，それと確認しやすい．この図から明らかなように，鏡に映った「お」は，間違いなく上下反転して見える．たとえ，紙に書かれた実物の「お」が覆い隠され，鏡に映った「お」しか見えない状態でも，重力方向の上下，あるいは天井－床など実空間の上下軸が空間枠組みとなり，鏡に映った「お」の上下反転感は揺るがない．実空間の上下枠組みが鏡像物に対しても共用されているのである．

　それに対し，左右反転感の有無の方は問題となる．図50を見る限り，「お」の最終画の点は実物でも鏡像でも右側についており，左右反転は起こっていない．実物と鏡映像に共通の座標系を当てている

第4章　鏡映像に左右反転感を抱かない事象

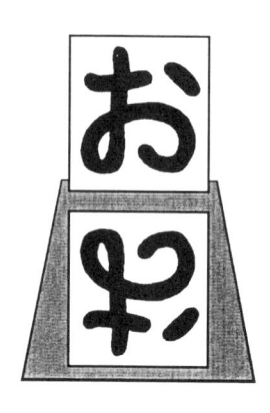

図50. ひらがなの「お」を書いたカードを床鏡に立ててみれば

限り，床鏡に映した「お」は，上下は反転しているが左右は反転していない．これまでどおりの規則性が，ここでも当てはまっているようである．

　ところが，実物の「お」を覆い隠し，鏡映像の「お」だけしか見えない状況にすると事態はあやしくなる．図51に，その映像を示した．この字形は，左右反転した「お」と見えないだろうか．少なくともかなりの人が，"鏡文字"，すなわち左右反転文字と見るに違いない．
　なぜ，このような手品じみたことが起こるのだろうか．それは，文字を見るときには，たとえ倒立提示ではあっても，テンプレートとしてもっている正しい字形の「お」と比べて正文字か鏡文字かを判断しようするからである．頭の中にある「"お"の鋳型」は正立している．目の前の字形が「お」なのかそれとも「"お"の鏡文字」なのかは，目の前の文字の上下を確定してからでないと判断できない．「お」らしいこの字形のどこが上でどこが下かは，空間内でこの字形を180度回転させるまでもなく，直感的に捉えることができる．その上下座標をこの字形に当てはめれば，そこに見えているのが「"お"の鏡文字」であることが分かるのである．このような心的処理により，図51

図51. 実物の「お」を覆い隠せば

の字形を「"お"の左右反転形」と受けとめることになる．しかしここでも，そう判断した時点では，上下反転が解消してしまっている点に留意すべきである．現実空間の上下軸とは別の(反対の)上下座標が鏡映像に当てられたとき，上下反転は解消する．そして，それと引き替えに，左右反転感が生じるという，これまでどおりの図式である．

　"逆さ富士"の場合にも，左右の異同判断に持ち込む段になると，上下反転を解消させてしまうと指摘したが，文字の場合は，その傾向が一段と強い．文字には，左右の異同に敏感でなければならない特別な事情がある．文字とは，上下が確定していることを前提に，左右の区別を厳密に行わなければならない人工的約束事と言える．鏡像問題と直接関わる用語として，文字に関しては"鏡文字"という言葉がある．これまで，この用語を気軽に使ってきたが，次節では，この言葉をめぐる鏡と文字の微妙な関係を探っていくことにしたい．

第4章 鏡映像に左右反転感を抱かない事象

4.7 文字の対称性："鏡文字"とは何か？

本章では，鏡に映し出されても左右反転感を抱かない事例を検討してきた．登場したトピックにはさまざまなものがあったが，本節では，"対称形の文字"を材料に，鏡に映し出された文字，すなわち"鏡文字"の性質について考えていきたい．"鏡文字"とは，文字通りには「鏡に映った文字」のことだが，広辞苑を引くと，「鏡に映った形のような，左右が逆になった文字」とある．反転が，左右に特定されているのである．

たとえば，「F」を前鏡や横鏡に映すと，図52aのように，「Fの鏡文字」となる．それに対し，左右対称な「A」の場合は，同図bに示すように，前鏡や横鏡に映しても「A」のままで変わらない．すなわち，鏡文字にはならないのである．ここまでなら，"アキラル"であることの当然の性質として聞き流すこともできる．ところが，左右ではなく上下が対称な文字の場合に，奇妙なことが起こる．「B」を使って，具体的に考えよう．同図cを見てほしい．この文字も「A」と同様，1軸に関して対称な字形(アキラル)である．したがって，鏡に対する物理

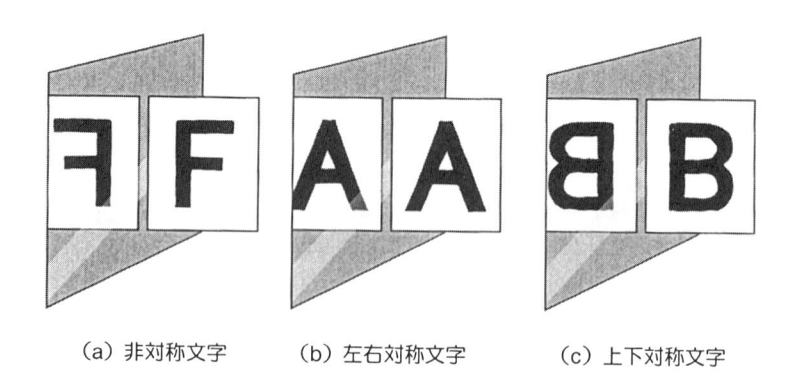

（a）非対称文字　　　（b）左右対称文字　　　（c）上下対称文字

図52. さまざまな文字を横鏡に映すと

学的性質は,「A」の場合と等価なはずである.これまでの議論では,水平・垂直という次元の違いにかかわらず,1軸に関して対称な形であれば,鏡の前では同じ性質を示すと解説してきた.両者はともに"アキラル"で,鏡に映ったその形は,回転によりもとの形とぴたりと重ねることができる.左右対称な文字には前鏡(または横鏡)が,上下対称な文字には床鏡(または天井鏡)が,そのような状況を生み出すことになる.

ところが,"鏡文字"に関する限り,左右対称な「A」と上下対称な「B」には区別が必要となる.広辞苑からの引用のように,"鏡文字"とは,「左右が逆になった文字」のことであり,そのため,左右に関して対称な「A」には鏡文字は存在しないが,上下対称文字である「B」には鏡文字が存在するのである."鏡文字"とは,"前鏡"状況を前提として作られた言葉と言える.そこで,"鏡文字"という言葉を不用意に用いると,鏡像問題に奇妙な混乱を引き起こしかねない.使用にあたっては細心の注意を要するものである.

4.8 自己の身体を床鏡や天井鏡に映す

鏡に映った像に左右反転感を抱く2つの類型のうち,文字には,本章で指摘したように,字形の対称性に関わる特殊事情があった.それに対し,もう一方の極である自己身体の場合は,直交3軸いずれに関しても対称性がないので,たとえ鏡の位置が変わっても,文字の場合のような特殊事情は生じないと思われる.本節では,この点の確認

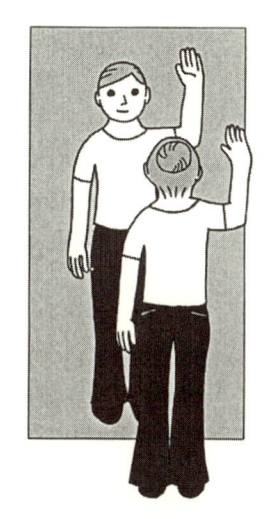

図53. 前鏡の前で片手を上げる

第4章　鏡映像に左右反転感を抱かない事象

を行っていきたい．

　自己身体を前鏡に映すと，第2章で説明したように，幾何光学的には前後反転なのに，最終的には"回り込み"によって左右反転感を抱くことになる．念のため，その様子を図53に再掲しておいた．次に，床鏡の場合は，図54に示すように，幾何光学的には上下反転が起こるが，鏡の上に立って右手を上げている人は，鏡に映った自分の像に，最終的には左右反転感を抱くはずである．すなわち，上がっているのは左手だと捉えるに違いない．

　左右に関する検討を行う前に，上下についての確認から始めたい．「(床)鏡に映ったあなたの身体は上下反転して見えますか？」と問われたなら，多くの人は，「上下反転して見える」と答えるであろ

図54. 床鏡の上で片手を上げる

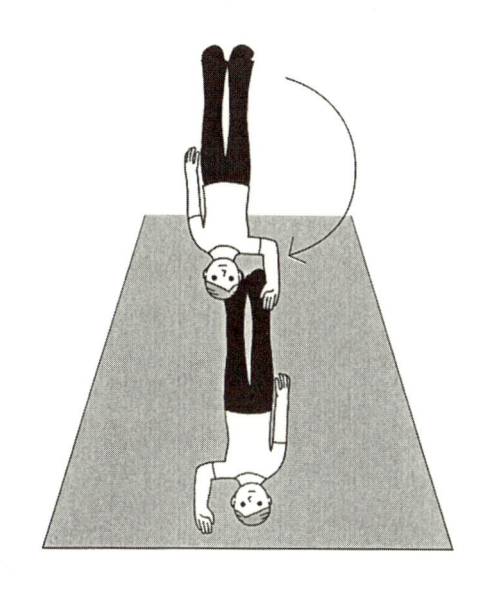

図55. 上下逆さの鏡像に自分の身体を回り込ませる

う．その上で，「それでは鏡の中に見えるあなたが上げている手はどちらの手ですか？」と尋ねる．おそらくほとんどの人は，「左手」と答えるに違いない．図55のように，前鏡のときの"回り込み"を，ここでも逆立ちした鏡の中の自己像に向かって行い，実物の身体の上下と前後を，鏡像のそれに合わせてから判断するからである．

　ここでも注意すべきことは，「上下と左右の同時反転」ではなく，「上下か左右の1軸反転」が起こっているという点である．最初の質問に，「上下反転している」と答えた時点では，"回り込み"という心的変換は行っていなかった．それに対し，「上げているのは左手」と判断したのは，"回り込み"により上下と前後を鏡像に一致させた上でのことであった．当然，その時点では，上下反転は解消している．そしてそのしわ寄せが，左右軸に押しつけられたのである．これま

でどおりの一貫した説明図式である．床鏡ではなく天井鏡の場合も同様に説明できる．

4.9 "回り込み"は自己投入法

「上げているのはどちらの手？」と問われると，鏡の設置面がどこであるかにかかわらず，"回り込み"を行って判断する傾向が強い．この心的操作は自己身体の場合に限らず，固有的定位をもつ物品では，さまざまな状況で使われる．対象物を自己身体と見立て，観察者は自身の身体をそれに向かって"回り込ませて"，左右どちらなのかを判断する．例えば，目の前の自動車が右ハンドル車か左ハンドル車かを知ろうとするときにも，自己身体を自動車と見立て，目の前の自動車に向かって回り込む．

自分以外のものに対して，自己身体と見立てて回り込みを行う心的操作を"自己投入法"と呼ぶことにしよう．左右判断の物差しを自己身体の左右に求めるのが，この心的操作の本質である．対象物に対する左右判断は，自己身体の左右と引き比べるのが最も身近で確実な方法である．「お箸をもつ手」や「ペンをもつ手」は，利き手のはっきりしている人にとっては，身近で確かな基準となる．

"自己投入法"は，鏡の中の映像に対してではなく，目の前に見える現実の対象物に対して行うのが本来の姿である．現実場面において，"自己投入法"は，左右判断の優れた物差しとして機能する．そこですっかり身についてしまったこのストラテジーを鏡に映った映像に対しても行ってしまう．しかし，鏡の像に対して"自己投入"を行うと，結果として誤った判断を下すことになる．われわれの心の働き方からくる，ちょっとしたシステム・バグと言えるかもしれない．

本章では，鏡映像に左右反転感を抱かないトピックを求めて議論を組み立てた．そして，それに該当するいくつかの類型を見出した．ここでは，改めて再整理は行わないが，本章に登場したさまざまなケースを3つに分類する作業を，5.5において行いたい．

さて,「左右反転感を抱かないものを探す」という方針で臨んだ本章ではあったが，随所で,"回り込み"を介して，結局は左右反転感に至ってしまうケースが頻発した．それらを本章のリストに加えてならないのは当然だが，同時にその事実は,"自己投入法"という心的ストラテジーが，固定したテンプレートをもたない対象物の左右判断に際して，われわれに与えられた常套手段であることを示している．

第5章

鏡像問題への解答：
座標系の共用－個別化説

第5章　鏡像問題への解答：座標系の共用－個別化説

　第1章では，鏡映変換の幾何光学的メカニズムを解説した．続く第2章と第3章では，それぞれ自己身体と紙に書かれた文字を典型例として，鏡映像に左右反転感を抱く2類型の心的過程を検討した．そして第4章では，左右反転感を抱かないさまざまな事象を取り上げた．鏡像反転問題への裏側からの検討であった．これらの諸章では，材料と結果こそさまざまだったが，説明には同じロジックが繰り返された．そのことは，説明に冗長さがあることを示す一方で，見方を変えれば，登場した諸事象を同じロジックで法則的に説明しうることを示唆する．そこで本章では，これまでの解説を踏まえて，鏡像問題を包括的に説明する法則性を探っていくことにしたい．

5.1　座標系の共用－個別化説

　法則的理解は，まず第1章で解説した幾何光学的メカニズムを受け入れることから始まる．鏡像は，鏡面を対称面とする実物と面対称な映像である．鏡像として映し出されたものは，実物の"対掌体"であり，如何なる回転や平行移動によっても，映像を生み出しているもとの物体と一致することはない．この原理は，鏡の設置面が前鏡の場合だけでなく，あらゆる設置面に対して成り立つ．ただし，対掌体を生むのは，もとの物体が"キラル"な場合に限られ，"アキラル"なものには，定義上，対掌体というものが存在しない．しかし，アキラルなものの場合であっても，鏡映変換の幾何光学的メカニズムは，キラルなものの場合と変わらない．

　次に指摘すべきことは，鏡の像を見たとき，対象物の内容や状況に応じて，左右反転感を抱くこともあれば抱かないこともあるという心理学的事実である．このことから，当該問題を法則的に捉えることが難しくなるように思われる．しかし，何が左右反転感の有無を分けるのかを明らかにできれば，法則的理解は妨げられない．本書でのこれまでの一連の検討は，その答えが存在することへの手応えを十分に与えてくれた．それは，実空間の対象物と鏡の中の対象物が共通の座標系内に定位されるか，それとも個別の座標系のもと

に定位されるかが，左右反転感の有無を決定づけるという法則性である．

　第1章の幾何光学的説明の第1段階を思い起こしてほしい．それは，前鏡状況であった．そこでは，実物と鏡像物を同じ空間座標系内に定位していたため，お互い同士の前後が反転していると評価された．座標系を共用している状況では，前鏡の場合，実物と鏡像物は前後が反転しており，左右は反転しなかった．

　次に，同じく第1章の幾何光学的説明の第2段階では，鏡の前の実物を，上下軸を回転軸としてぐるりと180度回転する物理的操作を加えた．これは，鏡像の前後軸に実物の前後軸を合わせるための操作であったが，それは同時に，実物とその鏡像に個別の座標軸を当てはめることでもあった．実物とその鏡像は対掌体関係をなすという鏡映変換の物理的性質から，上下軸と前後軸が一致すれば，残された左右軸が反対になるのは，対掌体同士であることの必然である．要するに，実物と鏡像の前後軸を一致させるために両者の座標軸を個別化したところに，左右の反転が生まれたのである．この一連のプロセスは，心の働きを持ち出すまでもなく，物理的関係性として記述できる．しかし，どのような場合に座標系の個別化が起こるのかという問題は，物質の性質としてではなく，心理学の問題として受けとめるべきである．

　心理学的検討を進める前に，座標軸の個別化が起こると，なぜ左右反転に帰結するかをもう少しつっこんで整理しておきたい．その鍵は，対象物の方向軸決定の順序性にあり，これもまた，心の働きを持ち出すまでもなく物理学的ルールと考えてよいことは，すでに述べたとおりである．

　左右とは，上下と前後が先に決まったあと，最後に発生する相対的方向軸である("相対的"とは，上下軸や前後軸の向き次第では反対になりうることを意味する)．多くの場合，人の身体のように，上下と前後は，軸の当てはめをまつまでもなく，頭が上で腹(顔)が前だと，物体のもつ形態的性質から確定できる．そのような固有的定位

をもつ物体に対して方向性が問われるとすれば，それは左右に関してである．こうして，決定をまつべき第3軸は左右軸ということになる．

しかし，3軸決定の順序性が心理的にも常に成り立つかどうかとなると，それは別問題である．鏡に映った映像から何を捉えるかの目的次第では，このルールに従わない状況も起こりうる．第4章で取り上げた諸事象は，まさにそのようなケース群であった．実物の左右を正確に把握しなければならない状況では，前後を反転させたまま方向把握を行おうとする．また，"逆さ富士"のように，現実空間の方向基準をそのまま受け入れて，鏡映像にその座標系を押し当てて上下反転感を抱くこともある．それらの事態では，いずれも現実の世界と鏡の中の世界を同一座標系内に位置づけていた．すなわち，座標系の共用状況である．それに対し，3軸決定の順序性に従って左右反転感を抱く場合には，上下や前後の反転感は解消していた．言い換えれば，上下と前後を一致させたことが，左右反転感を生じさせていたのである．前鏡状況にあって実物とその鏡像物の前後を一致させる行為は，取りも直さず，両者に別の座標軸を当てはめることである(座標系の個別化)．

次に，座標系の共用と個別化のどちらに進むかを分ける要因について考えていきたい．それはまさしく，心理学の問題である．どちらに進むかは，材料により，状況により，さらには個人差によって流動的な面があるので，この分岐の絶対的基準を示すことはできない．しかし，おおよその傾向は存在する．鏡像を通して実物の現実空間内での位置や動きを正しく把握しなければならない状況では，"座標系の共用"が選ばれやすい．それは，鏡に映し出された視覚情報を使って，実物に対して的確に働きかけなければならない状況である(座標系の共用に向かう別の1群に，鏡に映る対象物が固有的定位をもたない場合がある)．それに対し，鏡に映った固有的定位をもつ映像自体の方向性を把握しようとするときには，"座標系の個別化"へと進みやすい．

前者の例として，鏡を見ながら化粧をしている状況を取り上げた．化粧とは，鏡に映った像に対して行うものではなく，実物の顔に対して行うものである．そしてまた，その顔に働きかける実物の自分の手の位置や動きもまた，鏡に映った映像を通して正しく捉えなければならない．自動車のバックミラーの場合も同様であった．バックミラーに映し出されたオートバイなどの実際の位置や移動方向を正しく捉えるために，われわれは鏡を見るのである．このような事態では，前後方向の把握を犠牲にしてでも，ともかく上下と左右を正確に捉えることが優先される．それには，実物と鏡像を同一座標系内に定位しなければならない．

　後者，すなわち実空間と鏡の中の映像空間に個別の座標系を当てはめる事例は，2章と3章で詳しく検討した．自己身体を鏡に映し出すとき，われわれは鏡に映ったさまざまなものの中から身体像という単一対象物だけに注目し，その形態を把握しようとする．鏡の像においても，腹が前であることは，身体像としての基本要件である．この点を犯すような映像把握など行い得ない．鏡映文字の場合も，文字面を前と見ることは，文字を見るための最低要件である．その際，実物とどのような位置関係にあるかなどは考慮されず，ともかくこちらを向いた鏡の中の文字が何なのかを見て取ろうとする．

　以上のことから，鏡像反転問題をめぐって提案されている数ある説の中に，本書で提案する筆者の考えを加えるとすれば，"座標系の共用－個別化説"と名づけたい．

5.2　座標系の個別化が起こる理由

　前鏡の場合，幾何光学レベルで起こっている前後反転が，最終的に左右反転感に至るという順序性があるとすれば，座標系の共用が本来の姿で，それに何かの条件が加われば個別化へ進むという図式が考えられる．しばらくはこの図式に従って，解説を続けていきたい．いったいどのような条件が加わると，座標系の個別化へと進む

のだろうか．

　実物に対するものとは違う座標系を鏡像物に当てはめるのは，鏡像物が固有的定位としての前後軸をもつからである．固有的定位を有する対象物，特に人の身体のように前後軸の明確な対象物が鏡に映し出されると，個物としての前後軸に沿う形態が知覚される．人の身体で言えば，腹が前，背中が後ろという前後軸である．そう捉えた時点で，鏡像は共通座標系からは切り離され，個別の座標系を得ることになる．

　"座標系の共用－個別化説"では，この個別化は，半ば自動的に進行すると考える．「自動的」とは，そこに心理的意図などが介入せず，固有的定位という日常物がもつ性質の把握から自然に導かれると見なすことである．問題は，「完全に自動的」なのではなく，「半ば自動的」という点である．鏡の像に知覚者が見てとるのは，多くの場合，実物と鏡像の関係ではなく，鏡に映った鏡像物自体の形である．そのような場合には，上で述べた個別化が進行する．しかし，われわれは鏡の映像を通して実物の状態を知り，それに働きかけるために鏡を覗くこともある．鏡を見ながら，化粧をしたりドライヤーで髪の毛をセットするのは，まさにそのような事態である．そのときには，いったん発動されかけた個別化への自動的処理は撤回され，座標系の共用状況に留まることになる．

　その際には，当然ながら前後に関する視覚情報は誤っていることになる．そこに生じる前後に関する矛盾を少しでも抑え込もうと，われわれはドライヤーで髪をセットしたり，櫛とハサミで髪の毛を切ったり，化粧したりするとき，知らず知らずのうちに次のような方略をとっている．まず，顔や頭の正面に対して働きかけるときは，鏡像を奥行のない平板なものとして扱い，奥行き情報が無関連になるようにしている．また，頭や顔の側方に働きかけなければならないときには，正面を向いたままでは前後に関する誤った視覚情報が作業を妨害するので，それを避けようとしてごく自然に，顔や頭を図56に示すような方向へ回転させている．こうすれば，顔や頭

図56. 知らぬ間にドライヤーを当てている側頭部分を
鏡と平行になるように向けている

の側面を，奥行きのない平板な二次元映像へ持ち込むことができるからである．この推察が正しいかどうかの実証的検討は難しい．なぜなら，頭を回すのは，単に，働きかけている側頭部分が広範囲に見えるようにしているだけかもしれないからである．

　ここまでは，本節冒頭でことわったように，座標系の共用状況の方が初期状態で，そこからの脱却として座標系の個別化へ進む場合があると想定して話を組み立ててきた．しかし，共用状態と個別化状態のどちらが先なのか，実際のところ見極めることは容易でない．"回り込み"という心的操作は，確かに，すでに存在した共用状況からの脱却行為として，時間的にあとに起こるものだと考えられる．しかし，回り込みを行わずに"鋳型照合"によって左右反転感を抱く鏡映文字の場合には，このような順序性は成り立たない．さらによく考えれば，"回り込み"を行う場合であっても，回り込んだた

めに座標系の個別化が起こるのではなく，座標系はすでに個別化されていて，それに合わせるために"回り込み"を行うと考えることもできる．もしそうなら，座標系の共用と個別化の時間的・論理的順序性は，いよいよ見極めにくくなる．この問題への結論は，本章の最終節5.8に持ち越したい．それまでは，本節で仮定した順序性に従って，もうしばらく，議論を続けていこう．

5.3 "回り込み"の有無

本書の第2章と第3章では，同じく鏡像に左右反転感を抱く場合であっても，鏡像に向かって実物を回り込ませたために左右反転感を抱くことになるケースと，鏡の中の映像にいきなり左右反転感を抱くケースがあることを示した．前者の典型例は，自分の身体を前鏡に映し，上げた手の左右を判断する場面であった．また，後者の例は，鏡に映った文字を読む事態であった．どちらも鏡映像に左右反転感を抱くことには変わりないが，そこに至るプロセスが違っていた．それは，心的過程，すなわち心理学的実体の違いと見なすべきものである．

鏡に映っているのが自分自身の身体の場合は，"回り込んで"向きを変えるため，実物と鏡像に個別の前後軸を当てはめることになった．鏡に映っているのが，もし自分ではなく他人の身体であっても，同じく人の形態をしていることから，回り込んでその人の左右を判断することになる．さらに，人ではなく，鏡に映っている自動車が右ハンドル車か左ハンドル車かを判断する場合であっても，自分の身体を鏡に映った自動車の上下・前後と一致するように回り込ませて判断する傾向が強い．これらは，すでに指摘した"自己投入法"である．最後の例の場合，"回り込み"の出発点となるのは，実物の自動車ではなく，鏡を見ている自己身体である．

自動車などに対するこのような擬人化は，鏡の中の映像に対してだけでなく，実物の映像にも行っている日常的な心的操作である．鏡に映っているものが2.7のメンタル・ローテーションのところで持

ち出した積み木図形のような無機的物体の場合であっても，積み木図形の形を擬人化して自分の身体と見立てた回り込みを行い(横に出ている部分を自分の腕と見立てて，出ている腕が一致するかどうかを判断する)，2つの積み木図形の異同判断を行うことが可能である．佐伯胖(Sayeki, 1981)は，そのような方略をとることにより，課題が容易になると述べている．図57は，擬人化の様子を説明するために彼が用いた図である．左図のように，積み木図形を人間の身体に見立てることにより，右図との異同判断が格段に容易になる．

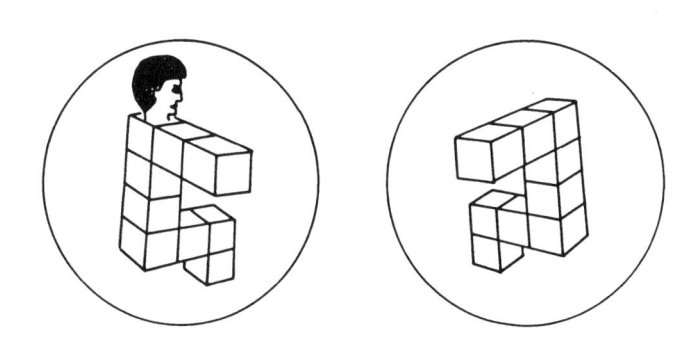

図57．積み木図形を人間の身体と見立てれば一致・不一致の判断が容易になる（Sayeki, 1981より引用）

　それに対し，鏡に映った文字の場合は，まったく違う心的過程をたどった．擬人化も回り込みも行わず，最初から鏡の中の文字がこちらを向いているものと扱われた．そして，その時点ですでに，実物と鏡像の前後反転関係は消滅していた．
　本書で提案した"座標系の共用－個別化説"に照らすと，これら2つの事象は，"回り込み"の有無という点で違いはあるものの，ともに

実物とその鏡映像に「個別の座標系を与える」点で共通していた．両者は，心理的方略に違いはあるものの，"座標系の共用－個別化"に関しては，同じグループに属している．

5.4 鏡映変換による1軸反転の原理

鏡像問題には，内容はそれほど難しくないが，説明に手こずる作業がある．それは，"鏡映変換による1軸反転の原理"の現れ方をどのように説明すればよいかという問題である．実物と鏡像がお互い前後反転関係にあるなら，他の2軸，すなわち上下と左右は実物と鏡像で一致しなければならない．このことは，"鏡映変換による1軸反転の原理"として，繰り返し述べてきた基本原理である．第1章の幾何光学的説明以来，一貫してこの原理に合致する説明を行ってきた．ところが，ぼんやり構えていると，鏡に映った像は，「前後の反転と同時に左右も反転している」と思えてしまう事態に遭遇する．本節では，この点に関する誤解を解いていきたい．

実物の文字はこちら側から鏡の方に向いていて，鏡の中の文字は，鏡の奥からこちらを向いている．すなわち，前後軸の反転が起こっている．ところが，それと同時に，鏡に映った文字は左右反転文字だと知覚される（図58）．まさに，前後反転と左右反転の同時発生と言わざるを得ない状態である．文字の場合だけでなく，同じことは，身体を鏡に映し出した状況にも当てはまる．実物の自己身体は鏡の方を向いており，鏡の中の自己身体像は鏡の奥からこちら側に向いている．そのとき，上げている右手は，鏡の中では左手と知覚される．ここでも，前後と左右の同時反転が起こっているかのようである．しかも，このときの前後反転感も左右反転感もともに心理事象であり，物理事象と心理事象の切り替わりとは説明できない．このような素朴な疑問がもし正しいなら，"鏡映変換による1軸反転の原理"はもろくも崩れ去ることになる．

この誤解を解くには，座標系の共用－個別化という考え方を順序立てて見つめ直せばよい．自己身体の場合を例にとろう．図59を見

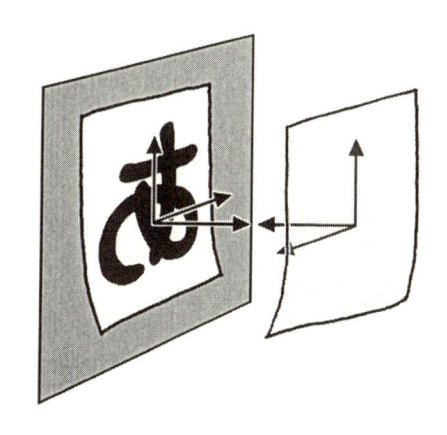

図58. 前後軸の反転と左右反転が同時に起こっている？

てもらいたい．実物の自己身体と鏡映像身体は，前後が反転している．しかし，そう評価できるのは，実物の自己身体と鏡像身体を同一の前後軸上に位置づけているからである．この単一の前後軸上では，実物では腹が前後座標軸の前側に向かっているのに対し，鏡映像では腹は後ろ側に向かっている．その意味で，確かに前後反転が起こっている．

　問題は，実物とその鏡像の個物としての前後が反転しているかどうかである．鏡像身体に対しても，腹側を前だと把握しているわけだから，個物としての前後反転は起こっていない．そして，そう捉えた時点で，両者に個別の前後軸を当てはめたことになる．その結果，両者の左右が反転する．鏡像身体の左右を捉えようとするとき，それは鏡に映った個物としての身体に対して行うのである．その時点では，もはや前後反転は解消しており，左右のみが反転している．

　もし，実物身体では腹が前で背中が後ろなのに，鏡像身体では背中が前で腹が後ろとの座標軸を鏡に対しても当てはめるなら，両

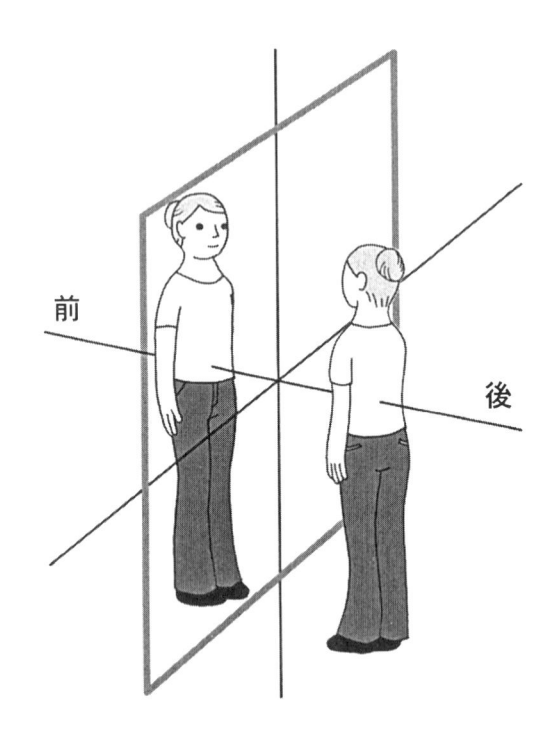

第5章　鏡像問題への解答：座標系の共用－個別化説

図59. 同一前後軸のもとでは実物と鏡像は前後が反転している

者の前後反転は維持されていることになる．しかし実際には，鏡像身体の場合にも，腹が前で背中が後ろとの前後軸を当てはめているので，個物としてみれば，実物と鏡像物の前後は一致している．その代わりに，左右が反転するのである．

　こうして，前後反転感と左右反転感のあいだに見られる，「ぼんやり構えていると」犯しかねない誤解は解消する．"鏡映変換による1軸反転の原理"を基本原則に，鏡像反転の幾何光学的説明と心理学的説明は矛盾することなく結びつくのである．

5.5 左右反転感を抱かないことと座標系の共用

第4章で扱った，鏡の像に左右反転感を抱かないさまざまな事象を，"座標軸の共用－個別化"という考え方に則して整理してみよう．そこに登場した全トピックは，次の3つのグループに分類することができる．

第1グループは，実物の属する空間と鏡像が作り出す空間を積極的に共用座標系内に捉えようとする状況，すなわち"座標系の積極的共用"事態である．これには，鏡に映った自分の顔の左右(4.1)と，自動車のバックミラーの左右(4.5)が当てはまる．思い返せば，これらは筆者にとって"座標軸の共用－個別化説"の"共用"的局面を発想させるきっかけとなる事例であった．幾何光学的に反転された前後軸をこちらに向き直らせることなく，したがって前後反転を抱え込んだまま，左右方向の一致感を確保していた．

第2グループは，鏡の設置面(床鏡や天井鏡)が鏡像の幾何光学的メカニズムどおりの反転感を明確に意識させる事態である．"鏡の設置面による規定"事態と呼ぶことができる．したがって，この事態にあっても，左右反転感は生じない．このグループには，"逆さ富士"(4.4)や床鏡の上に立てたロウソク(4.6)，さらには実物の「お」と同時に映った床鏡の「お」(4.6)が含まれる．そこでは，現実空間と同じ上下座標軸が鏡像に対しても当てはまり，上下反転感が明確に意識される．そのため，しわ寄せが左右軸に及ぶことはなかった．共通の上下軸は重力方向軸でもあるため，現実空間のみではなく鏡の中の世界とも共用されやすい．ただし，そのような状態にあっても，実物と鏡像の左右の異同を確かめる心理プロセスへ進む段階になると，重力方向に逆らうことにはなるが，対象物のもつ固有的定位としての上下を基準枠にすることとなる．そのため，左右反転感が生じることになる．もちろん，その時点では上下反転は消滅しているわけだから，"1軸反転の原理"は守られる．高野(1997)及びTakano(1998)が主張する"タイプIII"はこのグループに属する横鏡状況を扱ったもので，そこにわざわざ独立した心理プロセスを投入する必

要はなく，このグループに含めてよいものである．

　第3グループは，鏡に映し出される"対象物の形態的特性"，すなわち対象物に対称性がある場合や，上下・前後に関する固有的定位をもたないことに由来する事象群である．カップや弓の矢，さらにはボール(4.2)，積み木物体(4.3)，「A」などの対称性を有する文字(4.7)がこのグループに含まれる．鏡により変換を被るクリティカルな次元や，最終的にしわ寄せがいくべき左右次元に関して対称であるため，その軸に起こっている反転感が顕在化しない．対象物のもつ形態的特性が，左右反転感を抱かせない事象群である．カップや弓の矢などを鏡の前に置くと，2つの同じものが同じ向きに置かれているように捉えられ，両者の座標系の共用性を実感できる．

　以上のように，3つのグループとも，結果として，鏡像に対して左右反転感を抱かない．そしてもちろん，これら3グループにおいて左右反転感を抱かない理由の本質は，実物とその鏡像が座標系を共用しているところにある．

5.6　物理事象か心理事象か：固有的定位をめぐって

　左右反転感を抱く場合，抱かない場合のすべてのケースが出そろったところで，鏡による幾何光学的変換(物理世界)と鏡映像に対する対象認知(心理世界)の関係を確認しておきたい．それは，本書で提案する"座標系の共用－個別化説"が，心理学的説明に属すべきものか，それとも物理学レベルでも定式化可能なことなのかを見きわめる作業でもある．

　例によって，自己身体を前鏡に映し出した状況を考えよう．その場合，幾何光学的に起こっているのは"前後軸"のみの反転(物理世界)であった．こちら側から鏡の奥へ通る1本の"前後軸"上に実物と鏡像物を位置づければ，実物と鏡像の前側は向かい合い，幾何光学的には前後反転が起こっている．しかし，実物の前後軸とは別に，鏡に映った自己像に腹が前で背中が後ろという前後軸が当てはめられた時点で，個物としての実物と鏡像は別個に同内容の前後軸をも

つことになり，前後反転は解消する．その代わりに，左右軸に反転のしわ寄せが及ぶ．

なぜ，しわ寄せは左右軸なのか．その理由は，対象物の方向軸には，上下・前後が先に決まり，それらとの関係で左右が決まるという順序性があるためだと説明してきた．ここで明確にされなければならないことは，この方向軸決定の順序性が物理学的性質なのか，それとも心の働き，すなわち心理学的性質なのかという点である．この点をめぐって，筆者は大阪府立大学名誉教授で放射線物理学がご専門の多幡達夫先生と議論を重ね，その顛末を『逆さめがねの左右学』(吉村，2002)に示した．この順序性を，多幡先生は物理学的定義だと考えられ，その時点での筆者は，心の働き，すなわち認知的機能だと主張した．

議論の中で浮かび上がったことは，座標軸には空間全体の枠組み座標以外に，個々の対象物も固有の座標系をもちうるということであった．人の身体をはじめほとんどのものには，空間枠組み座標系内での向きにかかわらず，固有的方向軸がある．たとえば，人の身体では，頭が上で足が下，腹が前で背中が後ろという具合である．自動車のバックミラーのところで登場したオートバイにも固有的定位がある．どこが前でどこが後ろなのか，どちらが上でどちらが下なのか，たとえオートバイが地面に倒れていても変わることなく確定する．このような"固有的定位"は，実物に対してだけではなく，鏡に映った鏡像物にも当てはまる．物理学の問題か心理学の問題かをめぐる多幡先生との議論は，結局のところ，この"固有的定位"に基づく3軸決定の順序性が，物理的性質であるとみるか心理的性質とみるかの違いだというところに行き着いた．ここで，固有的定位とは，上下軸と前後軸の決定性を言うのであって，左右軸はそれら2つの軸との関係から定義づけられて発生する第3軸であり，その意味において上下や前後と異なる．

さて，鏡像問題について考え抜いた現時点で筆者のたどり着いた見解は，3軸決定の順序性は，多幡先生が言われるように，左右の定

義に関わる必然の性質であって,それを物理学的定義と見なすことに異論はないというものである.ただし,より大きな問題として,次の事実の存在がある.すなわち,鏡に映った映像を見るとき,われわれは常に固有的定位としての3軸決定の順序性に従って鏡像物を捉えているのではない.例えば,5.4で第1グループに含めた,鏡に映った自分の顔の左右(4.1)や自動車のバックミラーの左右(4.5)では,心的処理として,われわれは前後より左右を優先させていた.そのため,鏡映像に左右反転感を抱くことはなかった.要するに,3軸決定に定義上の優先順序があることを認めたとしても,鏡の像に左右反転感を抱かない事象群が存在することは,そのルールが心理学的には常に発動されるものでないことを意味する.3軸決定の順序性は物理学的法則性であり,そう考えることにより鏡像問題が解けたとするのでは,そのルールが当てはまらない事象群を見過ごすことになる.3軸決定には確かに順序性がある.しかし,それに当てはまる心的処理を選ぶかどうかは,"座標系の共用−個別化"のいずれを選ぶかという心的処理の違いにかかっている.さらに,同じく座標系の個別化に進む場合であっても,"回り込み"による対応づけを行うか,"鋳型照合"を行うかの違いもある.そのような操作上の違いも,心的レベルでは意味のある違いである.要するに,これらは,心理学が解くべき問題なのである.

5.7　座標軸の名称と固有的定位

これまでの解説では,空間枠組み座標系の直交3軸に"前後軸"や"左右軸"という名称を与えることに消極的見解を示してきた.慣用的に使われてきたものの,混乱を回避するには使わない方がよいとも言ってきた.しかし,個物に対して直交3軸を当てはめ,それに"上下""前後""左右"の名称を与えることは,たとえ「混乱」を引き起こすことになったとしても,固有的定位をもつ対象物の方向感を説明するには避けて通れないことである.本節では,鏡に映った個物に"上下""前後""左右"という意味をもつ軸名を当てはめることが,

"座標系の共用－個別化説"にどのような意味をもつかを検討していきたい．鏡による変換が"前後軸"になる状況に議論を集中するため，前鏡状況を用いることにしよう．

まず，第1章の幾何光学的説明に戻り，矢野が描いた説明図がどのようなものであったかを振り返ってみよう．物理学的説明の第1段階として引用した矢野の図をここに再掲する（図60）．矢野の図では，個物に対して直交3軸が当てはめられており，実物と鏡像物の軸の異

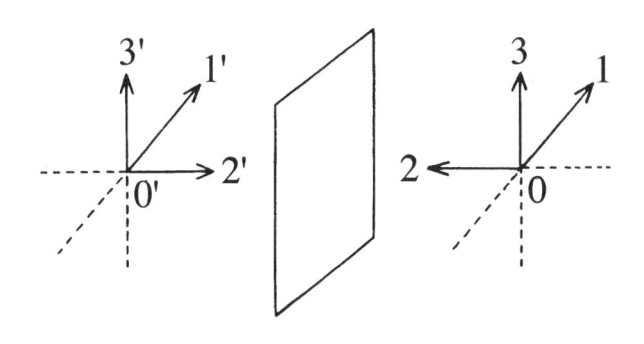

図60．物理学的説明の第1段階で用いた矢野の説明図

同を知ることが目指されていた．そこで明らかになったことは，前後軸が反転していることと，他の2軸は反転していないという幾何光学的事実であった（ただし，軸名には等質的な記号が用いられていた）．それに対し，次に掲げる図61では，実物と鏡像物の双方に，上（下）や前（後）という固有的定位に関わる軸名を用いている．ただし，焦点となる鏡像物の第3軸には，軸名を故意に書き込んでいない．

ここで，"座標系の共用－個別化説"にとって重要な分岐点を迎える．それは，鏡に映っているものが"固有的定位"をもつものである

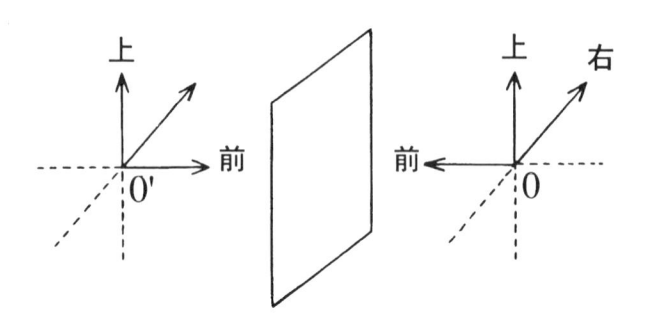

第5章　鏡像問題への解答：座標系の共用－個別化説

図61. 矢野の説明図に固有的定位に基づく極名を書き込むと

か否かによる分岐である．第4章で詳しく解説したように，鏡に映っているものが固有的定位をもたないなら，実物と鏡像物のあいだでの"前後軸"の共用は続き，図60に書き込まれている「前後軸の反転」は意味をなさなくなる(見かけ上，その物体には前後の区別がないため)．当然のことながら，左右反転感も生じない．コーヒーカップのように，上下はあるが前後に関する固有的定位をもたないものについて上の座標表現にならって図示すると，図62のようになる．無名であることから，実物と鏡像物は"前後軸"を共用することになる．したがって，この図のように，3軸のいずれについても，実物と鏡像のあいだで反転感は生じない．

それに対し，鏡に映し出されたものが"固有的定位"としての上下と前後をもつ場合はどうであろうか．上の図61の事態である．鏡像物の第3軸には軸名とその方向をわざと書き込んでいなかったが，軸名が「左右軸」であることは間違いない．問題は，どちらが右でどちらが左かである．この決定を行う権限は，実は鏡映像を見ている観察者(心の働き)には，もはやないのである．直交3軸のうち上下と前後が決まっているので，定義に基づき左右も確定してしまう．それ

114

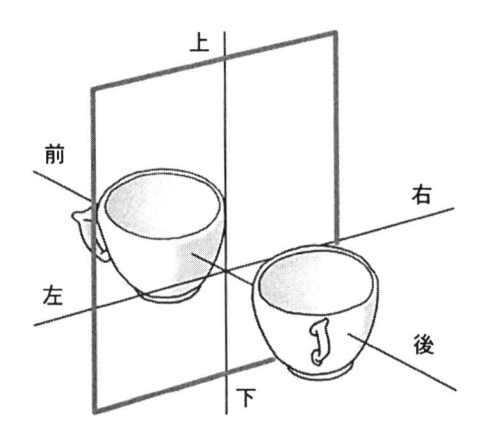

図62. カップは実物と鏡像で前後軸を共用する

を書き込んだものが図63である．この図と矢野の図（図60）との本質的違いは，矢野の図では1軸のみの反転ですんでいたのに，この図では前後と左右の2軸が反転してしまっている点である．このようなことが本当に起こったのでは，"鏡像変換による1軸反転の原理"は成り

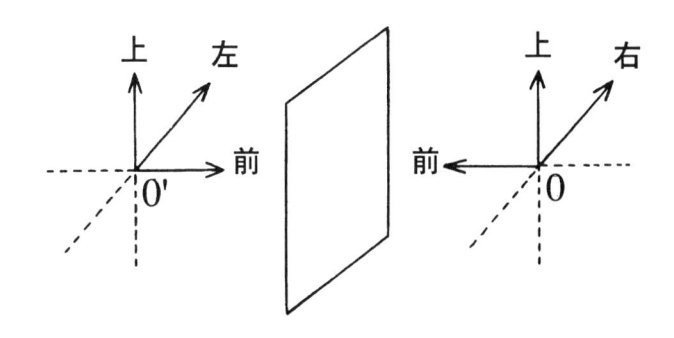

図63. 上下と前後か決まれば定義により左右も確定する

立たなくなる．それは，きわめて深刻な事態である．矢野のように，等質的な記号を用いているときには，鏡はO2軸のみの反転でO1軸は反転しなかった．ところが，図63の場合は，前後軸の反転を書き込んだ時点で，定義に基づき左右軸も反転してしまう(すなわち2軸反転が起こっている！)．どちらの表記法をとるかにより，事態がこれほど違ってよいはずがない．幾何光学的説明は，賢明にも前者を選んだ．そのお陰で，"鏡映変換による1軸のみの反転"を正しく記述できた．それに対し，人の身体をはじめ固有的定位をもつ個物を鏡の中に見るわれわれは，自覚のないままに，後者を選択している．その結果，前後方向と同時に，左右方向も反転していると思える状況に陥ってしまうのである．

　もちろん，これを"鏡像変換による2軸反転"と見なしてならないことは言うまでもない．繰り返し述べてきたように，前後の反転と左右の反転は，同じ"反転"という言葉は使っていても，何に基づく反転なのかの意味内容は異なっている．前後の反転は，実物と鏡像物が同一座標系内で反対方向を向いているという意味での反転であった．それに対し，ここでの左右反転は，上下に続き個物としての前後も確定した時点で，右と左がどちらであるかという観点から捉えた左右反転なのである．すなわち，"相対的"座標軸である左右は，個物として確定した上下と前後のもとで割り出されるのである．重要なことは，個物としての実物と鏡像物とのあいだに左右反転が知覚された時点で，両者の個物としての前後反転は解消している点である．

　"上下""前後""左右"という軸名の導入は，事態をできるだけ物理学的に説明しようとするねらいに照らせば，対象物のもつ意味を含み込むことになってしまうため，事態を複雑にする選択肢である．しかし，幸いなことに，たとえこの複雑なルートを選んだとしても，これまでの検討から明らかなように，整合的結論へ到達することができた．現実のわれわれは，この複雑なルートを選んでおり，そのために"鏡像問題"という難題を抱え込むのである．

本書の解説では，個物としての"右"が実物と鏡映像で反対になってしまうために左右反転感を抱くと説明したわけだが，この点については，考えてみなければならない別の問題がある．もし，「個物の"右"と見えるべき映像が"右"と見える」不思議な鏡があるとすれば，われわれはその鏡の像に左右反転感を抱かないかという問題である．実は，そのような鏡は実在し，"直角合わせ鏡"と呼ばれている．この鏡を覗いたときの左右反転感の有無については，今後の課題として，本書の最終章の7.8で検討したい．

5.8　共用と個別化の時間的前後関係

　現実生活でわれわれがそうしているように，対象物に"上下""前後""左右"という軸名を与えた場合であっても，暗礁に乗り上げることなく，"座標系の共用－個別化"という考え方でうまく整理することができた．そのことを受けて，座標系の共用と個別化のどちらが時間的に先行するのかという，先(5.2)に問うた問題に対する解答を与えることにしたい．

　固有的定位をもつ実物とその鏡像の座標軸に，"上下""前後""左右"の軸名を与えた時点で，座標系の個別化は完了していた．"座標系の共用－個別化"という考え方を提案した本章の最初では，本来，共用されていた座標系が，必要に応じて個別化に向かうという図式を仮に想定していた．しかし，鏡の中に見るものが固有的定位を有するものなら，座標系は最初から個別化していると考えるべきである．解説の出発点となった幾何光学的説明段階では，確かに座標系の共用状況が存在していた．しかし，そのことが心的過程の初期状態をも意味すると考える必然性はない．定位に関する心的過程は，鏡に映し出されたものが何であるかを同定したところから始まり，その時点ではもう，個別化処理は進んでいる．固有的定位をもつものを見たときには，どこが前でどこが後ろなのか，映像のもつ意味から("頭"とか"腹"と分かった時点で)即座に見て取っている．鏡像物の前後を実物から反転させて確定したという意識(心的過程)など

抱かない．

　ただ，左右は，その瞬間において見て取っているとは限らない．左右がどちらかを捉えるには，"回り込み"などの次の段階の心的操作が必要になる．もう1つの，鏡の中に文字を見る類型の場合はどうだろうか．文字の場合には，"回り込み"という心的操作はなく，即座に頭の中のテンプレートと照合した．文字は最初からこちらを向いており，文字面をこちらに向ける（前後を反転させる）ための心的操作など行っていなかった．そして即座に，"鏡文字"だと知覚していた．しかし，これに関しては，即座に左右反転文字だとまで知覚しているのではなく，まず"見慣れない文字"と捉える段階がある可能性を，3.4で指摘しておいた．このことは，上下や前後とは違い，左右の同定には時間的にも遅れが生じることを意味する．

　結論として，次のようにまとめることができる．座標系の共用状況と個別化状況は，時間的前後関係にあるのではない．たとえ個別化が選ばれる場合であっても，対象物を鏡の中に見た瞬間，すなわち，それが何の映像であるかを同定した時点で，どちらのルートをとるかは決定している．それに対し，場合によって必要となる"回り込み"や"左右反転文字であるとの同定"は，その後に行われる．

5.9　両手はぴたりと重なる？：言葉遣いのすれ違い

　鏡像問題の本質からみれば些末なことかもしれないが，言葉遣いの行き違いが，鏡像問題に与える二次的混乱について言及しておきたい．鏡像問題の心理学的検討は，鏡に映った映像をどう見るかについて，観察者が報告する言葉，すなわち意識内容の報告によって議論が組み立てられる．そこで，もし同じ知覚印象を抱いているにもかかわらず，観察者が言語的に相矛盾する表現を行うとすれば，そこに不必要な混乱が生じることになる．

　たとえば，「右手と左手はぴたりと重なりますか？」と問われたとき，全員が「いいえ」と答えてくれることを期待する．その答えは，実物とその鏡像が"対掌体"関係にあることの基本要件だからであ

る．ところが，皆がそう答えるとは限らない．中には，「はい」と答える人もいるのである．

この応答は，「両手が重なる」という言葉を，本来の意味内容とは取り違えているために生じるものと考えられる．図64を見てほしい．この状態を，「両手はぴたりと重なる」と誤って表現する人がいても不思議でない．ここでは，「ぴたりと合わさる」と「ぴたりと重なる」が混同されている．日常，われわれは言葉遣いをそれほど厳密に行っているわけでないので，この程度の行き違いは，むしろ当然のことと言えよう．

図64．両手はぴたりと重なる？

被験者からの応答ではなく，鏡像問題を解き明かす解説に際しても，不用意な言葉遣いが混乱を引き起こすことがある．その点にもう一度，注意を促したい．例えば，5.4でていねいに解説した，「鏡は前後を反転する」という表現である．この表現の意味内容を正確に読み取らなければ，鏡像問題の基本部分で混乱を来すことになる．ここまでの説明では，「前後の反転は，実物の前後と鏡像物の前後を一致させるために起こる」と言ってきた．これは，正しい表現である．しかし，「前後反転は前後を一致させるために起こる」というのでは，まるで反対のことを言っているようで，矛盾した言い回しと思われても仕方がない．また，これを受けて，次のようにも言ってきた．「前後を反転させた時点で，前後反転は解消する」と．この表現を字句通りに受け取ろうとしても，意味不明な表現としか思えない．このあたりのもつれた表現を解きほぐすために，本書では冗長

すぎるまでの説明を行ってきた．解説のさまざまなレベルで起こりうる言葉の混乱を防ぐことは，特に鏡像問題においては重要である．

5.10 全員が同じ見方をするわけではない

たとえ言葉遣いの行き違いを解消できたとしても，同一事態に対し，全員が同じ知覚内容を抱くと期待することは間違っている．観察者1人1人が示す言語表現の違いの中には，心理プロセスの広がりが含まれている．その意味から，理論的枠組みに拘束されないナイーブな観察者から報告を得ることは重要である．実は，化粧時に鏡に映った自分の顔を見て，あるナイーブな観察者から，「自分の顔が左右反転しているとは思わない」という発言を聞いたことが，本書第4章の重要な論点を構成する助けになった．

また，鏡の前に立って右手を上げている自分の姿を見たとき，第2章では，誰もが「左手が上がっている」と答えるものと見なして議論を組み立てた．しかし，その事態において左右反転感を報告しない人がいても不思議でない．「自分と鏡の像の左右は同じ」とか，「左右が反対になっているという意味が分からない」との応答も，十分にあり得ることである．大人でもそのような報告が起こりうるわけだから，子ども，特に小学校中学年あたりまでの子どもでは，そのような応答がむしろ一般的かもしれない．

鏡の像に"回り込む"ことは，現実の自分の立場から他者の立場に視点を移すことでもある．スイスの発達心理学者Piagetら（ピアジェ・インヘルダー，1966/1969）は，視点を自分の位置からはずせないという心性が，ある発達段階の子どもたちがもっている認知の特徴であるとし，それを"自己中心性"と名づけた．その段階を抜け出して他者の視点に立てるようになることが認知発達の主要な道筋であり，ピアジェはそれを"脱中心化"と呼んだ．

わが国でも，子どもの方向概念の発達を詳細に検討した勝井（1971）が，方向概念獲得の順序性と年齢差を明らかにしている．ま

ず,自己身体に関して,「上下」は,観測を開始した最小年齢の3歳児でも80パーセントの正答率に達したのに対し,「前後」は,5歳になって80パーセントに到達する.「左右」ではさらに遅れ,8歳にならないと80パーセントの正答率に達しない.また,対面した人形を用いた場合には,「上下」と「前後」は自己身体の場からとそれほど遅れずに正しく答えることができるが(対面者の「前後」の認知が,自己の「前後」の認知に比べて遅れないというデータはきわめて示唆的である),「左右」では8歳よりさらに遅れると言う.認知発達に関するこのような知見を踏まえると,鏡の像に抱く左右感が,必ずしも安定したものでないと考えてかかることは,鏡像問題を論じる際に必要と言えそうである.

もし,大人になっても,鏡に映った自分の身体像に左右反転感を抱かない人がいるとすれば,それは4.1で取り上げた「自分の顔」に対する方向認知と同じ捉え方で,全身の定位に臨んでいるからだと推察できる.逆に,鏡に映った自分の顔にも,身体全体に対するのと同じく"回り込んで",左右反転感を抱く人もいるかもしれない.このような個人差の存在は,座標系の共用と個別化の選択が,対象ごとに確定できるものではなく,微妙な心的操作であることをうかがわせる.心的事象の計測を多数の被験者に対して実施すれば,「これは確実だろう」と思えることでも,それに合致しない反応を示す人は必ずいるものである.そのような反応が不可解なままであれば,問題を残すことになる.しかし,「自己の全身映像にも,化粧時の顔に対するスタンスで臨んでいるため」などと,合理的説明を与えることができれば,問題を残すことにならない.反法則的事実との遭遇は,法則的理解を必ずしも脅かすものではなく,適切に位置づけることができれば,逆に法則的理解を補強することになる.

第6章
逆さめがね実験から学んだこと

筆者が鏡像問題に真剣に取り組むことになったきっかけは，30年近く逆さめがね着用実験を行ってきたことにある．"逆さめがね"とは，目の前の視野像が逆さに見えるめがねである．前章までの鏡像問題の解説においても，関連する逆さめがね実験の知見を引き合いに出したい誘惑に何度も駆られた．しかし，そのような事例を使って解説したのでは，本書での提案が，逆さめがね着用状況という特殊な場面にしか通用しない非現実的なルールのように受け取られかねないと考え，自重してきた．"座標系の共用－個別化説"についての解説を終えたところで，いよいよ鏡像問題の理解に逆さめがね着用実験から何を学んだかを示していくことにしたい．

1986年，88年，90年の夏休みを利用して，筆者は次に述べるような3種類の逆さめがねを，それぞれ2週間ずつ着用する実験を行った．もちろん，筆者以外の人たちにも被験者になってもらい，逆さめがね実験を繰り返してきた．そうした積み重ねによって，逆さめがねの世界をより深く捉えることができた．本章では，逆さめがねの話を初めて聞く人を想定して，その世界が鏡像問題の理解にどのように結びついているかを解説していきたい．

6.1 逆さめがねの種類と構造

上で述べたように，"逆さめがね"とは，目の前の視野像が逆さに見えるめがねのことである．"逆さ"というと，上下，すなわち天と地が入れ換わる視覚変換をまず思い浮かべることと思う．上下だけが逆さになる"上下反転"である．確かに，それも"逆さ"の一種ではあるが，逆さにはその他にも，左右だけが逆さになる"左右反転"，それに上下も左右も逆さになり視野を180度ぐるりと回転させたのと同じことになる"逆転"がある．"逆さ"とは，これら3種類の視野変換の総称であると理解してもらいたい．筆者はそれぞれの逆さめがねを，2週間ずつ着用する生活を行った．3種のうち，鏡像問題に直接関わるのは左右反転めがねの世界だけと思われるかもしれないが，実際には三種三様，鏡像問題に重要な視座を与えてくれることに

なった．

どのような装置を使えば，視野を逆さにできるのだろうか．上下反転と左右反転は，ともに図65のような直角プリズムを使って実現

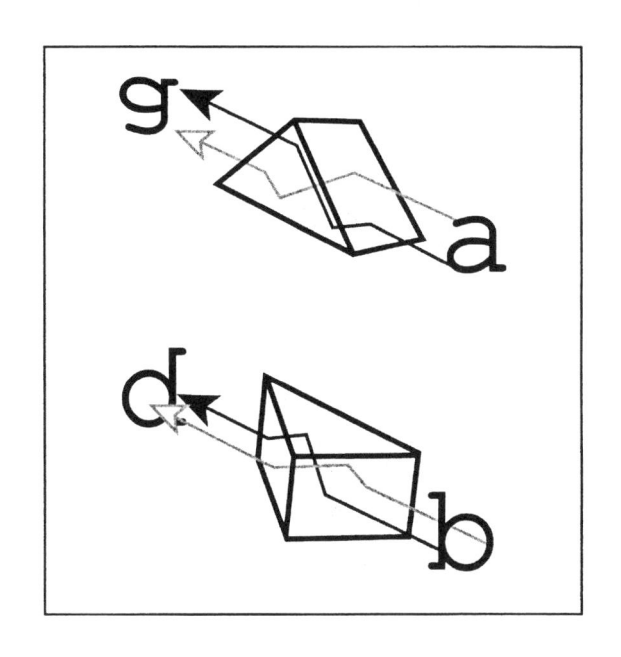

図65. 直角プリズムは視野を上下または左右反転させる

できる．二等辺三角形の頂角が90度のプリズムである．これはあまりポピュラーなものではないが，直角のところが60度になったプリズムなら，分散プリズム(分光器)として学校の理科の時間などで使った人も多いと思う(図66参照)．頂角を挟む一方の面から太陽光を入射光として取り入れ，もう一方の面から出る光を白い紙などに映し出す．そうすると，太陽光に混在するさまざまな波長の光線は屈折率の違いにより分光され，虹のように七色に分かれる．

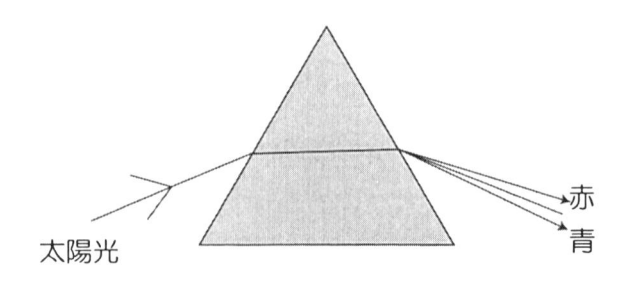

図66. 頂角が60度のプリズムは光を分光する

　逆さめがねに用いる直角プリズムは，分光プリズムと形は似ているが，働き方はずいぶん違う．頂角が90度と直角になることによって，二等辺の一方の面から入射した光は，プリズムの中で屈折し，直角三角形の斜辺に当たる面（これを底面と呼ぶ）を鏡面として全反射し，もう一方の二等辺面から出ていって眼に入る．外からの入射光線が反対面から出ていくとき，図67に描いたように，結果として鏡面（プリズム底面）を反射面として入射光と反転した方向に出ていく．これが，直角プリズムによる光線反転の原理である．

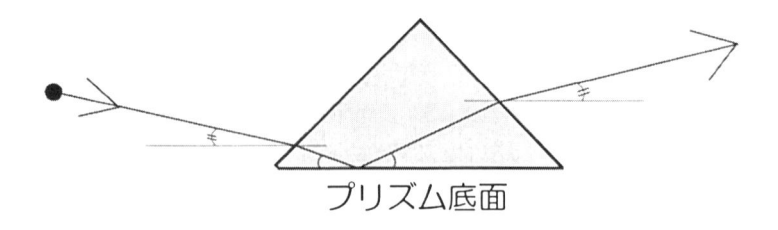

図67. 直角プリズムは底面が鏡面となり入射光を反転する

ここで留意すべきことは，直角プリズムの底面が1枚の鏡の役割を果たしている点である．すなわち，上下反転めがねも左右反転めがねも，1枚の鏡を通して外界を見ているのである．このプリズムを用いて上下反転めがねを作るには，直角プリズムの底面(鏡の役割を果たす面)を水平(地面と平行)になるように設置し，目の前に着ければよい．また，左右反転めがねを作るには，底面を垂直に設置すればよい(先ほどの図65を参照)．どちらの場合も，両眼用めがねとして完成させるには，左右の目の前に直角プリズムを1個ずつ設置することになる．

　上下反転めがねを作るには，この直角プリズム方式のほか，図68のように，帽子のひさし状に1枚の鏡を設置する方法もある(鏡の平面性が確保されていなければ，外界像が歪んでしまう．また，二重像を防ぐために鏡には表面鏡を用いるのがよい)．鏡を眼の上に水平に設置し，上目遣いで外界を見る．目の前の風景が素通しで直接見えないように直前方向を遮蔽物で覆い，遮蔽物の上の隙間から鏡面を通して外界を見る．これを，"眼上鏡式上下反転鏡"と呼んでいる．この方式の場合にも，やはり1枚の鏡を通して外界を見ることになる．筆者は，この方式の上下反転鏡の着用実験も，1992年の夏休

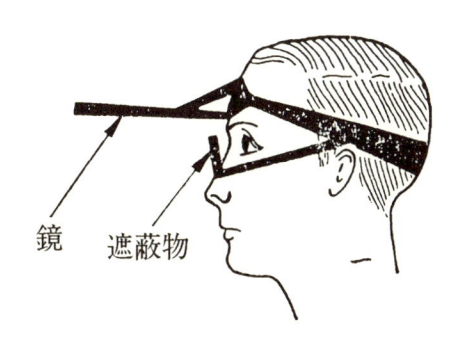

図68. 眼上鏡式上下反転鏡

みに，やはり2週間行った．直角プリズム方式と眼上鏡式上下反転鏡の最大の違いは，前者では，目の前の外界物の映像がほぼ実際にある位置に見えるのに対し，眼上鏡式では，実際位置よりずっと上方に見えてしまう点である．

　3つ目の，上下も左右も反転し，結果として目の前の視野像を180度ぐるりと回転させたのと同じになる"逆転めがね"について説明しよう．このめがねは，原理的には2個の直角プリズムを組み合わせて作ることができる．すなわち，底面を水平にした直角プリズム（上下を反転する）と底面を垂直にした直角プリズム（左右を反転する）を継ぎ足して外界を見ればよい（図69参照）．そうすれば，上下反転＋左右反転となり，180度回転させたのと同じ映像が得られる．実際に

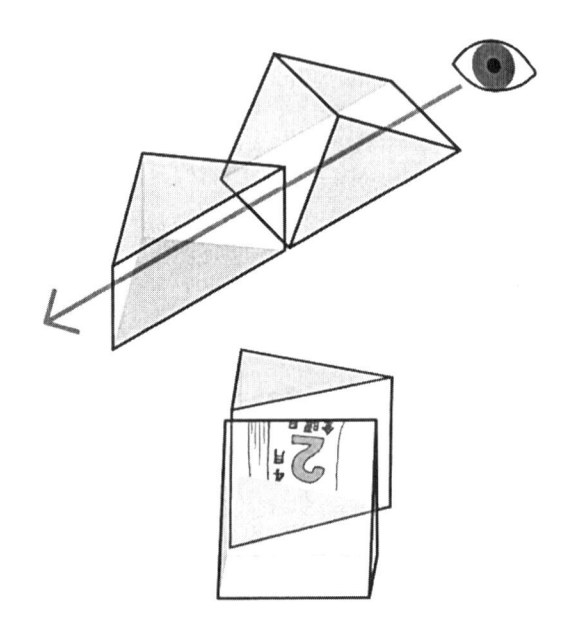

図69. 直角プリズムを2つ組み合わせれば（上下反転＋左右反転）視すなわち逆転視となる

は，このような作り方だと，視野が狭くなる上，重量も2倍と重く，しかも目の前にずいぶん飛び出してしまうので，実用的とは言えない．そこで，同じ焦点距離をもつ2枚の凸レンズをお互いの焦点距離だけ離し，望遠鏡のように筒の両端に設置する方式が用いられる．この方式の逆転めがねは，百年以上前，世界で最初に逆さめがね長時間着用実験を行ったストラットンというアメリカの心理学者が用いたものである(Stratton, 1896, 1897)．それ以来，この方式が，視野を逆転する一般的方法となった．図70に，アメリカの心理学者たちが行った実験で用いられた逆転めがねを示しておく(Snyder & Pronko, 1952)．完成されたレンズ系には，凸レンズによって生じる色収差を修正するために，両端に片面凸片面凹のレンズが付加されており，さらに周辺部分の球面収差をなくすための補助レンズや周辺遮蔽窓なども組み合わされ，かなり複雑な構造になっている．

　この凸レンズ方式の逆転めがねの場合には気づきにくいかもしれないが，先ほどの二重直角プリズム方式めがね(図69参照)の仕組みを考えると，逆転像を得るためには鏡面反射を2度経ることが理解できる．第1章の幾何光学的説明を思い起こしてほしい．鏡面反射を2

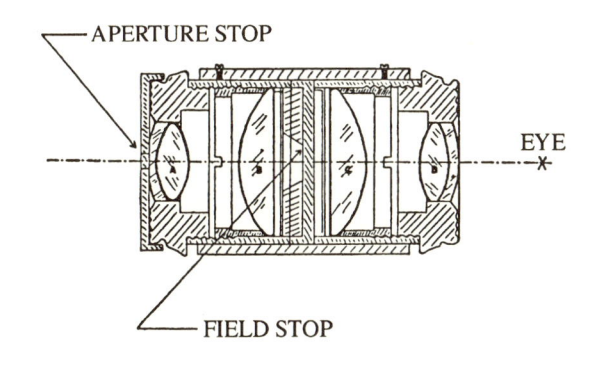

図70. Snyder & Pronko（1952）が用いた視野逆転めがね

度経れば，出来上がる鏡映像は実物の"対掌体"ではなく，回転すればぴたりと重なる逆転像となる．この点が，他の2種類の逆さめがねと異なる"逆転めがね"の特徴である．1988年の夏休みに筆者自身が被験者となって行った逆転めがね着用実験では，さらに別方式のアミチ・ダハ・プリズムという複雑な光学系で作ったものを使用した．このプリズムの構造についてはここでは説明を省略するが，その場合も，偶数回の鏡面反射により逆転像を作り出していたため，逆さめがねを通して見た視野像は実物の"対掌体"にならなかった（ストラットン以来のさまざまな逆さめがねの構造については，吉村，2003で解説した）．

6.2　上下反転視状況での利き手判断の非直感性

　直角プリズムによる上下反転めがねと左右反転めがねでは，ともに1枚の鏡を通して目の前の映像が映し出される．これまでの検討から推察すれば，その場合，ほとんどの視対象に最終的には左右反転感を抱くことになると予想できる．もちろん，左右反転めがねの場合は，最初からすべてのものが左右反対に見えている．ところが，上下反転めがねを着けて目の前の視野像を見ると，ほとんどの視対象に，最初は左右反転感ではなく上下反転感を抱く．鏡を帽子のひさし状に設置する眼上鏡式上下反転鏡の場合にも，同じく左右反転感ではなく上下反転感を抱く．1枚の鏡を通して見ているにもかかわらず，鏡をめがねのように頭に着けて使用すれば，上下反転めがねでは，まず上下反転感が生じるのである．"上下反転めがね"と呼ばれることを考えると，まずは当然の見え方と言えよう．

　興味深いことに，このような性質をもつ上下反転めがねであっても，視野内に捉えた人物の利き手を判断する段になると，事情が違ってくる．図71に示すように，上下反転めがねで捉えた人物像への最初の知覚印象は，確かに上下反転感であるが，上下が反転したままではどちらの手を上げているかが把握できないので，現実世界にいる自分の身体を，鉄棒での逆上がり（または前回り）のようにぐ

図71. 上下反転めがねを通して見る人物はまずは上下反転して見える

るりと回り込ませ，見えている人物の身体像と，上下・前後を重ね合わせようとする(図72参照)．この心的操作がうまくできれば，目の前の人物が上げている手は右手だと判断されることになる．しか

図72. 自分の身体を見えている人物像に逆上がりするように合わせる

し，本当は左手を上げているので，この判断は誤りとなる(1枚の鏡は実物の対掌体を映し出す)．上下反転していた映像に対し逆上がり方略で上下と前後を合わせた時点で，上下反転は解消し，その代わりに左右が反転するという，これまでどおりの"鏡像による1軸反転の原理"に適う知覚印象である．

　このパターンは，上下も左右もともに反転する逆転めがねの場合と比べてみれば対照的である．先ほどの図71の映像が，もし上下も左右も反転する逆転めがねを通して見た映像であるなら，「右手を上げている」との判断は正しい．目の前の人物が本当に右手を上げているという事実と一致するからである．上下も左右も反転する2軸反転の場合には，対掌体ではなく，180度回転させればもとの形と一致する逆転像を映し出すのである．

　本節で紹介した上下反転めがねを通して見た映像に対する利き手判断と，前章までに検討してきた鏡像の人物に抱く利き手感には興味深い対照性がある．鏡像に対する利き手判断がどのように行われていたかを思い出してほしい．前鏡の場合は，どちらの利き手動作かを直感的に捉えていた．しかし，床鏡や天井鏡の場合は，逆上がりをするような"回り込み"を経て判断していた．他方，上下反転めがねや逆転めがねを着けた状況では，床鏡や天井鏡の場合と同様に，直感的判断ではなく，"回り込み"により利き手判断をする．そもそもわれわれは，上下逆さに見える人物の所作など見慣れていない．そのため，たとえ右利き動作であっても，映像を見て直感的に"見慣れた動作"とか"見慣れない動作"と判断することなどできない．正立映像なら，「見慣れない所作なので左利き」と直感的に判断することができた．ところが，倒立した映像の場合には，どちらの利き手動作であっても見慣れない所作となる．したがって，倒立映像に対しては，第2章で扱った片手をあげた人物の手の左右を判断したときと同様に，"回り込んで"判断することになる．直感的判断ではなく，回り込んで利き手を判断するという方略が，われわれの心的処理のレパートリーの中に存在することを，こうした逆さめがね

実験から実感していたのである．

6.3　上下反転視状況での右折と左折："裏返し"の稀少例

　前節で見たように，上下反転めがね着用者は，実際には右利きで動作している人を見ると，左利き動作者だと捉えていた．上下反転めがね着用状況で左右判断を行わなければならない事態は，このような利き手判断以外にも存在する．それは，自分が右に曲がったか左に曲がったかを捉える「右・左折判断」場面である．実は，上下反転めがねを着けて前を向いた姿勢で道を右折または左折すると，どちらに曲がったかを正しく判断できるのである．ただしそれは，頭を上げ正面を向いて歩いているときに限られる．図73のようなT字路にさしかかったとしよう．上下反転めがねを着けているので，その

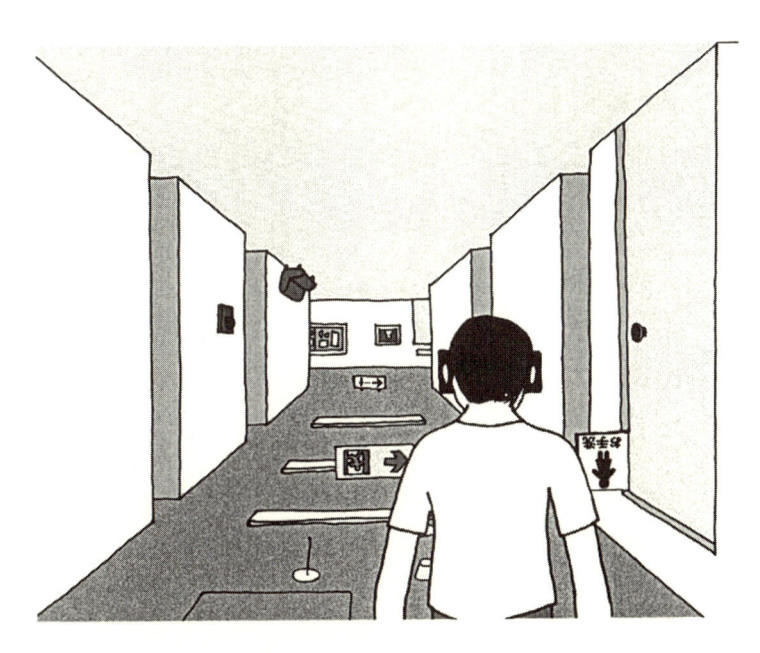

図73. 上下反転めがねを通して見たT字路の映像

ときの視野像は，この図のように，床が上で天井が下という天地が入れ換わった映像である．そのまま進み，T字路を右折する．そのとき本人は，正しく右折したと感じるのだろうか．それとも左折感を抱くのだろうか．頭の中で床の映像が下になるまでぐるりと180度回転させてから判断すると，「左折」と誤って答えることになる(対掌体映像であることの宿命)．被験者の中にはそのように捉える人も確かにいるが，多くは，図74のように天井が下に見えていることにはお構いなく，それを床だと見立てて，「右折」と判断する．ここで特に注目したい点は，床の位置(視野の下の方)に見える天井を床だと見立てることである．この心的操作は，第1章で起こり得ないことと指摘していた"裏返し"を，実質的に行ったことになる．そう考えられる理由を説明しよう．

　上下反転めがねを着用して正面を向いた姿勢では，実物の上下だけが反転した映像を見ていることになる．このとき，目の前に見え

図74. 上下反転めがねを通して前方を見ながら右折しているときの映像：このまま天井を床だと見立てれば「右折」と正しく捉えることができる

る天井を床だと見立てることは，上位置に見える床をそのまま下に下ろし，逆に下に見える天井をそのまま上に上げる操作を行ったことを意味する．「そのまま入れ換える」ことは，ぐるりと180度回転させるのとは違い，天井と床を"裏返す"行為に他ならない．このような"裏返し"によって反転した上下をもとに戻すことができれば，しわ寄せが左右に及ぶことはない．したがって，客観的な右折を，「右折」と正しく捉えることができるのである．反対に，少数派だが，頭の中で床の映像が下にくるまでぐるりと180度回転させて判断する被験者の場合には，回転を実行した時点で上下反転は解消されるが，そのしわ寄せは左右判断に押しつけられ，「左折」と誤って答えることになる．第1章で検討したように，前後の裏返しは起こり得ないことだが，上下を裏返すという心的操作は，逆さめがね実験のこの場面において実質的に行われていたのである．

　右・左折をめぐる話は，これだけでは終わらない．今度は，前方ではなく足もとを見ながら右・左折すると，事情はまるで違ってく

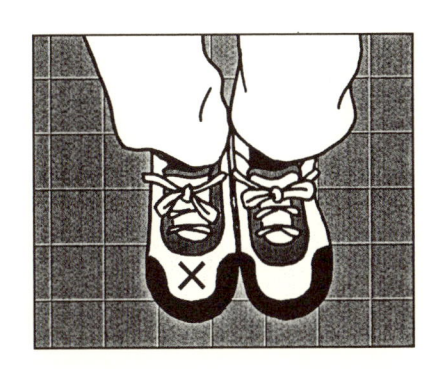

図75. 上下反転めがねを着けて足もとを見下ろしたときの自分の足の映像（本当の自分は画面下側にいる）

るのである．上下反転めがねを着けて足もとを見ると，自分の足は視野に入ってくるが，その足は，図75のように，まるで自分の向かい側にいる人の足であるかのように，向こう側からこちらに向かって見えている．もちろん，その足が自分の足であることはすぐに分かる．しかし，どちらが自分の右足なのだろうか．多くの被験者は，先ほどの図75の映像を見て次のように報告する．「視野に捉えた2つの足のうち，×印のついた方が右足だ」と．この判断は，逆さめがねを着けていない人にも納得してもらえると思う．感じられる自己身体(画面の下側にある)を視野内に見える自己像に"回り込んで"重ね合わせようとするからである．このことからも分かるように，前後に関しては"裏返し"は起こりにくい．右・左折を取り違えるプロセスは，以下のようである．

　上下反転めがねを着けて足もとを見下ろしたとき，そこに見えるのは上下反転像ではなく，手前－向こう(前後)が入れ換わった映像である．こちらから向こうへ向いているはずの自分の身体(足)が，向こうからこちらに向いて見える．向こうに見える2つの足は自分の足なので，こちら側の感じられる自分の足をその映像に向かって重ね合わせなければならない．その際，被験者は，自分の身体をぐるりと180度回転させて，見えている足に重ね合わせようとする．その結果，自分の右足は，視野内では左に見えている方の足(×印のついた足)と重なる．実物の足と，上下反転めがねを通して見える足の前後(手前－向こう)反転は，ぐるりと回り込んで重ね合わせた時点で解消する．しかし，それと引き替えに，重ね合わさった足の左右を取り違えるのである．本当の右足は，×印のついていない方の足なのである．

　さて，この取り違え状態で右または左に曲がるとしよう(図76)．そうすると，次のような回転感が生じる．自分の足もとを見ながら，客観的に右折したとする．視野内では，×印のついていない足の方に曲がっていくように見える．それは，自分では左足だと思っている方の足なので，曲がったのは左足の方，つまり左折だと思っ

図76. 上下反転めがねを着けて客観的に右折しているときの映像

てしまう."鏡映変換による1軸反転の原理"は手前－向こう反転像に対して，このような形で働いてしまうのである．

　先に解説したように，顔を正面に向けた姿勢で右・左折するときには，稀少な"裏返し"により曲がった方向を正しく判断できた．それに対し，うつむいて足もとを見ながら右・左折すると，"回り込んで"手前－向こう反転感を解消することの引き替えに，右・左折の取り違えを犯してしまう．めがね着用中の生活では，顔を正面に向けながら道を歩くこともあれば足もとを見ながら歩くこともある．同じところを歩いていても，どちらの姿勢で歩くかで，回転方向感が反対になるという奇妙な現象が起こる．そのため，2種類の認知地図が，頭の中で交錯することになる（吉村，1997, p.180-181）．

　もし，このとき，上下も左右も反転する逆転めがねを着けていたなら，足もとを見ながら右・左折しても，（先ほどと同じように，向こうに見える足に回り込んで重ねるにもかかわらず）右・左折を取り違えることはない．"回り込む"ことが，正しい対応づけを導いてくれるからである（対掌体ではなく，2軸反転の視覚映像のため）．ところが，今度は正面を見ながら右・左折すると，誤った回転感を得ることになる．この事態では，上記の上下反転めがね着用時と同様，

"裏返す"ことによって，上下次元の反転だけを解消し，逆転(上下反転＋左右反転)のうち左右反転成分を残すことになってしまうからである．ここでも見事に，幾何光学的メカニズムどおりのルールが，現実の方向感として現れるのである．

上下反転めがね着用時の右・左折感に関しては，まださらに興味深い現象がある．足もとを見ながら右・左折するとき，本当は前進して右折しているのに，それを"後ずさり"(見えている足が前進し，感じられる身体が後ずさりするように捉える)しながら曲がっていくように受けとめることがある．そのときには，右・左折を正しく判断できるのである．その理由もまた，"鏡映変換による1軸反転の原理"によって説明できる．後ずさり感は，前進を後退と見なしているとの点で，前後が反転したままであることを意味する．前後反転感が生きている以上，左右反転感へのしわ寄せは起こらない．したがって，右・左折判断に際しての取り違えも生じないのである．このように，逆さめがねの世界においても，1枚の鏡を通して見える映像では，徹底して"1軸反転の原理"に従う方向感が保証されていたのである．

6.4 左右誤認と左右反転感の違い

いよいよ，左右反転めがねの世界へと話を進めよう．目の前の視野像が左右反転して見えるめがねを着けると，部屋の中に見えるものはすべて左右反転して見えることになる．そう期待されることだと思う．しかし，実際にはそうならない．もしそこが，めがねを着けてから新たに行った場所(すなわち，知らない場所)なら，目の前に見えるものの中で明確に左右反転感を抱く対象物は文字くらいで，他のものは別段，左右反転していると思わない．文字の場合は，正しい字形をよく知っており，それと比べて，目の前に見えている文字の間違いに気づく．正しいテンプレートがあることが，左右反転感に結びつくのである．

考えてみれば，われわれの生活を取り巻く環境内のほとんどのも

のには，左右に関する決まったテンプレートがない．例えば，机やその上に載っているエンピツ，イスやタンスなどは，たとえ実物と左右反転して見えていても，見ただけで実物の左右反転形だとは思わない．それらは，左右どちらに向いていても，別段おかしくないからである．筆者は，このように左右反転形になっても間違った定位にならない性質のことを，逆さめがねの世界を詳述した本の中で，"bi-oriented"(吉村，1997)な性質と名づけた．この命名は，文字などのように左右を入れ換えてしまうと成り立たなくなる性質のことをWelch(1978)が"mono-orientedness"と名づけたのになぞらえたものである．われわれが生活環境で出会うほとんどのものは，左右次元に関して"bi-oriented"なのである．それゆえ，左右反転めがねを通して見ても，それらに左右反転感を抱かない．

　しかし，左右反転感を抱かないからと言って，そのような視対象に対してうまく働きかけられるわけではない．まったく逆のことが起こる．見えている映像が間違っていると思わないで働きかけてしまうため，事態は救いようなく混乱することになる．例えば，左右反転めがねを着け始めてすぐに，廊下を歩いたとしよう．数歩進んだところで，右側の壁が迫ってくるように見えたとする．進路を修正しなければならない．少し考えれば，左方向へ修正するのはまずいことだと分かるはずである．右側の壁が迫って見えるということは，本当は左の壁に近づきすぎている．左右反転感があれば，この映像の間違いに気づき，少しは正しい修正ができるはずである．ところが実際には，左右反転感がないため，見えている映像に従った方向修正を行ってしまう．当然その動きは，誤りを増幅させることになる．実際，左右反転めがねを着け始めた被験者に廊下歩きをしてもらうと，ほとんど前に進めず，同じところでフラフラと回っては立ち止まる動作を繰り返すことになる．本人は修正しているつもりなのだが，現実にはまずい方向への動きを繰り返している．脇で見ていると滑稽なくらいだが，本人にしてみれば深刻で，そのまま続けると，顔は青ざめ，生唾を飲み，その場に立ちつくしてしま

う．吐くことさえ珍しくないのである．このような場面に出会うと，左右を誤認することと左右反転感を抱くこととが正反対な面を有することがよく分かる．

それとは対照的に，上下反転めがねを着けているときには，見えているものが事実と違うことが視覚情報だけから即座に分かった．このような対照性を逆さめがね実験を通して承知できていたことが，鏡像問題を見つめる上で役立った．方向を誤って捉えることと，方向が誤っていると自覚することの違いをはっきり認識しなければならないという視点をもつことができたからである．

6.5 左右反転視状況での利き手判断

6.2では，上下反転視状況での利き手判断を解説した．本節では，左右反転めがね着用時の利き手判断について考えたい．左右反転めがね着用中には，文字だけがむしろ例外的に左右反転感を抱かせると言った．正しいテンプレートと照合することで誤りだと即座に気づくという意味で，文字はむしろ例外的だと位置づけた．文字ほど極端ではないまでも，目の前でさまざまな仕草をする人たちの利き手を判断することも，実際とは左右反対の利き手動作と見えるという意味で，文字と共通するものがある．食事をしている，字を書いている，ハサミを使っている，ものを投げている動作など，利き手に関わる諸動作は，ことごとく実際と反対に見えてしまう．特に，正しい利き手を知っている場合，たとえばイチローは左バッターだと知っている場合には，左右反転めがねを通してテレビで見る彼の動作を左右逆（誤り）だと受けとめることになる．それに対し，本当の姿を知らないなら，「左右が間違っている」との知覚印象ではなく，実際とは反対の利き手動作だ受けとめることになる．

しかし，2週間も左右反転めがねを着け続けていると，見かけの左利き動作を目にすることの方が圧倒的に多いわけだから，やがて左利きに見える動作を普通の所作として受けとめるように変化していくものと期待できる．少なくとも，どちらの利き手動作なのかを，

目にする頻度からは区別しにくくなりそうである．ところが，完全な右利き者である筆者が被験者となった限り，圧倒的多数の右利きの人たちの動作が「左利きに見えてしまう」という知覚印象は，最後まで揺るがなかった．逐一，自分の身体と見えている人の身体を重ね合わせてから「左利きだ」と判断するのではなく，正常視のときのように，即座に左利き感を抱く状態が続いた．生活上のほとんどのことは，2週間もたてばかなり上達・変化していくのに，左利き感に関するこのしつこさは，いったい何を意味するのだろうか．強く身についてしまっている"直感的判断"からいっこうに抜け出すことができなかったのである．

　その筆者においても，唯一，利き手判断に関して変化したことがあった．それは，机に向かって書字動作をしている状況を，動作者の肩越しから撮影した映像(図77)をモニターテレビで観察したときの知覚印象である(「利き手判断テスト」と称して，あらかじめ右利きと左利き動作で撮影しておいたさまざまな所作をモニターテレビで

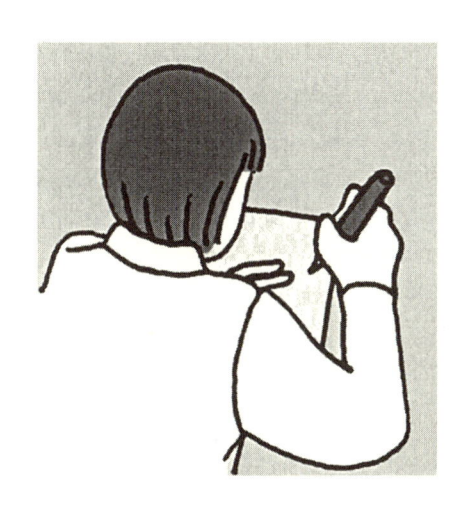

図77.「利き手判断テスト」に用いられた書字動作の肩越し撮影映像

観察し，どちらの利き手動作であるかを判断するテストを，2週間の逆さめがね着用期間中，定期的に実施した）．いくつかあつた動作場面のうち，その場面に対してだけ，客観的右利き動作映像を，「右利き」と正しく答えるように変化したのである．もちろん，めがね着用前半では，その映像に対しても「左利き」と答えていた．おそらく，左右反転めがね着用中，右手で行う自分の書字・食事動作を繰り返し見続けたことが，その映像を右利き動作と捉える方向への変化を促したのであろう．

興味深いことに，この変化は，「肩越し撮影」映像に対してだけ，しかも客観的右利き動作映像にだけ生じた．同じ「肩越し撮影」映像であっても，客観的左利き映像には，最後まで「右利き」と答え続けた．少し頭を働かせれば，この反応が奇異なことは，被験者である筆者にも分かっていた．反対の手で行う一対の動作映像に対し，ともに「右利き」と答えるのはいかにも不合理である．筆者以外の被験者の中には，このような不合理を察知し，客観的右利き映像に「右利き」と答えるように変化した時点で，もう一方の動作映像には「左利き」と答えた人もいた．しかし筆者は，抱く知覚印象にできるだけ忠実に答えることを心がけた．その結果が，両方の利き手動作に対する，ともに「右利き」との反応となって現れたのである．

変化が，「肩越し撮影」，しかも自分の利き手動作映像から始まることには意味がある．それは，左右反転めがねを通して見る機会の多い，自らの行う動作映像であるばかりでなく，動作を行っている身体運動感覚とも結びついた映像である．このことは，"回り込み"などの"自己投入法"との関係性を示唆する．他人の動作も含め，利き手判断とは，視覚情報だけに基づく心的作業と考えてはならないのかもしれない．

鏡像問題の解明を目指した本書に，「鏡の中の左利き」とのタイトルを用いたのは，利き手判断の特異的位置に注目したからである．使っている手の身体内での位置を把握しなければならないことから，利き手判断は，"回り込んで"自己身体と重ね合わせて判断する

レパートリーの側に属するように思える．しかし実際には，文字に対する"直感的"判断に通じるテンプレート性を有している．おそらく，圧倒的に見慣れた映像（右利き映像）であることが，その動作のテンプレートらしきものを作り上げているのだと思う．利き手判断のもつこのような二面性は，鏡像に左右反転感を抱く心的処理の複雑さを象徴している．そのことを確信できたのは，逆さめがね着用時の，利き手判断をめぐる体験からであった．

6.6 鏡による前後反転の直接的影響：鏡映描写との関連性

　心理学の実験用具に，図78に示すような鏡映描写装置というものがある．鏡を通して見る映像を手がかりに，鉛筆で星形図形をたどる装置である．被験者は，できるだけ星形図形の2本の線のあいだをはみ出さないように，しかもできるだけ速く図形を一周しなければならない．被験者の位置から見ると鏡は前鏡状況となるが，同時に

図78. 鏡の像を見ながら星形図形の溝をたどる鏡映描写実験
（篠原，1990より引用）

第6章　逆さめがね実験から学んだこと

図79. 鏡映描写で用いられる星形図形

上から見下ろす姿勢で作業することにもなるので，前後反転とも手前－向こう反転とも捉えうる状況である．たどるべき経路にはいろいろな図形が用いられるが，図79に示した星形図形の場合は，さまざまな方向に向かう16本の辺で構成されている．鏡映描写実験において標準的に用いられるデータは，一周するのに必要な所要時間と

図80. 灰色部分の辺が難しい

ルートからはみ出した回数である．しかし詳細に見ると，数ある辺の中には，所要時間も短く，はみ出す回数も少ない容易な辺もあれば，逆に難しい辺もある．模式的に表すと，図80で灰色に塗った辺が難しく，白い辺は易しい．前後（手前－向こう）と左右の両方向の成分を含む斜め方向の辺が難しいのは当然として，それらを除くと，難易を分けるものが何であるかが見えやすくなる．右または左に進むのが難しく，手前または向こうに進むのは容易なのである．前鏡状態なので，手前－向こうが反転して見えている．それなのに，手前または向こうに進むのが容易というのは，どういうことなのだろうか．

　筆者ら（吉村・大倉，1980）は，この疑問に答える実験を，視野を逆さにする直角プリズムを用いて行っていた．図81のような箱形の装置を用いた実験である．箱の上面には上から覗き込むための窓があけられており，そこに直角プリズムがはめ込まれている．はめ込

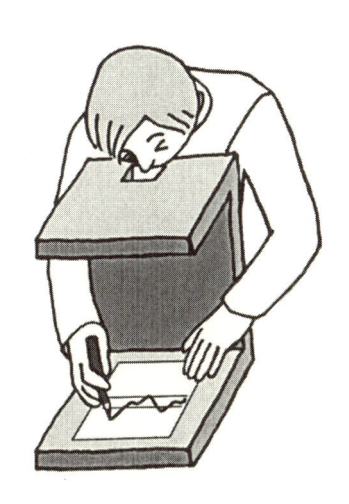

図81. 上下反転視または左右反転視状況での直線路描写実験

む向きによって，机上面が上下(手前－向こう)反転して見えたり，左右反転して見えたりする．机上面に置かれた用紙には，2本の直線が5mm間隔で引かれており，被験者は，2本の線幅からはみ出さないように，慎重に一方の端から他端まで鉛筆でたどらなければならない(経路の長さは15cmであった)．この実験では，鏡映描写実験で一般的に使用されている星形図形ではなく，単純な直線路が用いられた．方向による難易の違いを明確に捉えたいと考えたからである．

結果は歴然としていた．上下(手前－向こう)が入れ換わって見える視野条件では，手前から向こうに伸びる垂直路課題が容易で，左右に伸びる水平路が難しい．逆に，視野が左右入れ換わって見える条件では，水平路が容易で垂直路が難しかった．学会発表しかしていないデータなので，実験結果を図82に示しておく．各被験者は，正

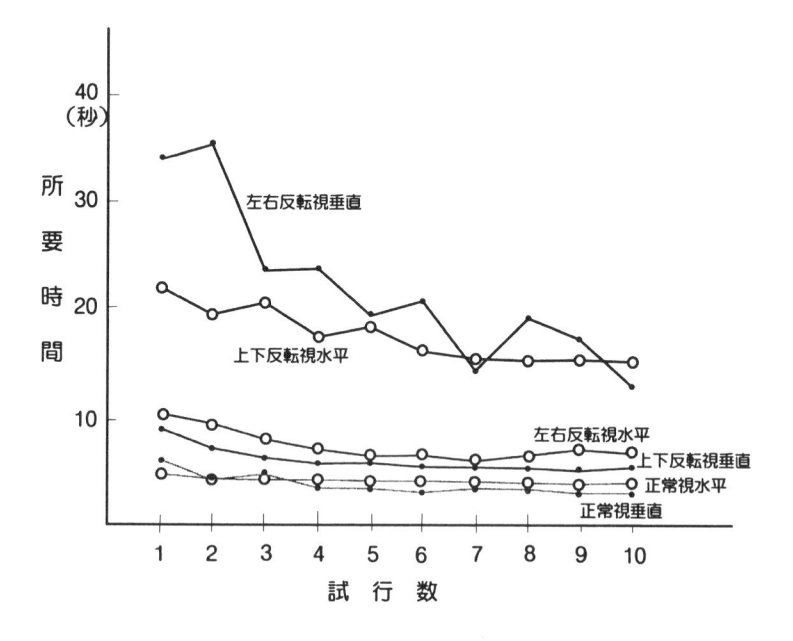

図82. 視野反転視状況での直線路描写の平均所要時間

常視状況，上下反転視状況，左右反転視状況のいずれかの条件で，水平路か垂直路のどちらかの課題を10試行行った．それぞれの群には10名ずつの被験者が割り当てられ，合計60名の被験者が実験に参加した．結果のグラフには，各群10名の平均所要時間が示されている．上下反転視状況での垂直路と左右反転視状況での水平路は，正常視状況とそれほど変わらない短い所要時間で遂行できた．それに対し，問題の2つの条件（上下反転視状況での水平路と左右反転視状況での垂直路）では，明らかに長い時間を要した．試行が進むにつれて練習効果は認められたものの，それでも他の4条件との違いは歴然としている．

　さて，結果の解釈だが，単純に考えると，この結果は意外なように思える．上下（手前－向こう）方向に進むのに，上下が反転した視野条件では容易で，左右反転された視野条件で難しいとは，どういうことなのだろうか．一見，矛盾しているようだが，少し考えれば，その理由は理解できる．このたびの課題を難しくしているのは，実は直線路の"進行方向"ではなく，"調整方向"なのである．上下（手前－向こう）方向に進まなければならない課題を例に，説明しよう．狭い通路の幅をはみ出さないように上または下に進むには，左右方向を微妙に調整しながら進まなければならない．その左右方向の見え方が反転された条件で，この作業は難しくなる．このとき，たとえ上下の見え方が反転されていても，いったん上または下に進み始めると，その方向への動きを続けることは難しくない．このように考えれば，上下（手前－向こう）反転視状況で，水平方向に進む課題が難しいことも理解できる．

　先に示した鏡を使った鏡映描写実験での星形の難易を分けたのも，実はこれと同じ理由であった．鏡映描写状況では，手前－向こう（前後）の反転を起こしている鏡の映像に導かれて，狭い道筋を進まなければならない．星形図形の水平に伸びる辺では，手前－向こう方向を微妙に調整しなければならず，そのため水平の辺で課題は難しくなる．前章までの検討では，鏡による幾何光学的前後反転が

最終的に左右反転感に帰結することにばかり目を向けていたが，前後反転を抱え込んだまま(したがって，左右反転は起こしていない)，前後方向を微妙に調整しなければならない作業時に起こる混乱を，鏡映描写実験は見事に捉えていたのである．そして，そこでの難易決定のメカニズムは，本節で紹介した逆さめがね実験で，明かにされていたのである．

6.7　知らずに操る座標系

　逆さめがねを通して見る映像は，視野像全体が逆さになった世界である．例えば，上下反転めがねを通して見ると，視野内にあるイスだけが上下反転するのではなく，床も天井も，何もかもが上下反転している．さらに言えば，知覚順応が進むと，視野内に捉えた空間だけでなく，視野外に広がる空間もまた，上下反転した視野像の延長上に同じ向きに定位されるようになっていく．もちろん，それだけでは上下反転した見えの世界に順応したことにならない．その映像を見ている自己身体の側も，床が見える側に足があると感じるように変化していくのである．しかし，そこまで到達するのは容易なことでなく，2週間程度の着用期間ではほとんどの時間，正立した身体座標系から倒立した視覚座標系内の視対象を見続けていることになる．

　そのような上下反転めがね着用状況にあって，視対象を単体として取り出して定位する事態に出会うこともある．その典型例が，視野内の人物の行う動作が右利きか左利きかの判断である．そのときには，見えている人物像に自分自身の感じられる身体を回り込ませ，上下と前後を重ね合わせてから，利き手を判断することになった．これは，日常われわれが行っている直感的利き手判断とは明らかに異なっており，鏡に映った自己像の上げた手を判断するときの方略と似ている．逆さめがねの世界で遭遇したこのような体験から，座標軸の当てはめとは，状況に応じた複数の操作の使い分け作業であることが確信できた．

座標系とは，空間全体，枠組み，基準などの概念となじみよい言葉である．それに対し，個々の対象物に座標系という概念を用いるのは必ずしも適切ではない．ところが，鏡を見たときのわれわれは，個物に対して無自覚のまま，この座標系当てはめ操作を行っているのである．

　そもそも鏡像問題に対する物理学的説明は，現実空間と鏡の中の空間に同じ座標系を当てはめて，「左右ではなく前後が反転している」と見なすことから出発していた．これまでの鏡像問題の議論は，座標軸の当てはめという問題を曖昧にしたまま展開されてきた．そこに，混乱があったのだと思う．われわれは無意識のうちに，現実空間と鏡の中の空間，それに個々の対象物に対して，状況に応じた絶妙な座標軸の当てはめを行っている．それは，臨機応変で巧みなものであって，決して気まぐれなものではない．その結果，鏡映像に左右反転感を抱くこともあれば抱かないこともある．そうした鏡の映像から生まれる問題を解明するために，本書で提案した"座標系の共用－個別化"という捉え方が有効であることは，逆さめがね実験からも支持できるのである．

第7章

今後の課題

第7章 今後の課題

　心理学は，事実(データ)に基づいて議論する学問である．したがって，本書で扱った"鏡像問題"も，管理された刺激・環境条件のもと，実際に人々が刺激事態をどう捉えどう反応するかを，鏡の前に立った生身の被験者に答えてもらい，そのデータを踏まえて議論を組み立てるべきであった．しかし本書では，そのような道筋をとらず，思索(スペキュレーション)を中心に，"座標系の共用－個別化"という考え方に行き着いた．実験による確かめを踏まえなかった理由には，この問題の抱える現時点での泥沼的状況がある．これまでに提案された諸説を整理・統合する形で，言い換えれば，諸説からよいとこ取りをして"鏡像問題"に答えを出そうとしても，諸説は切り口が違っているため，一貫性ある説明にはたどり着けない．そのような作業では，つぎはぎ理論しか生まれず，およそ系統だった提案はできないと考えた．最近でも，わが国では高野(1997)が，また英語圏においてはグレゴリー(1997/2001)が，これまでの諸説を解説し，しかしそれぞれの説にはどうしても批判すべき点が残ることをリストアップし，諸説の平行線ぶりを示している．そうした状況を知るにつけても，複数の説を結びつけるやり方では，整合性ある説明に到達できないと判断した．

　かと言って，何らかの決定実験によって，鏡像問題にケリをつけることができるようにも思えない．そのような答えがあるくらいなら，長らく研究者の興味を引き続けてきたこれまでの取り組みの中に，"鏡像問題"に対する実証的答えが見つかっていたはずである．

　そこで，まず行うべきことは，合理的な解決案を，全体が整合する形で提示することだと考えた．本書において，それをやり終えたつもりである．その際，鏡の中の映像に左右反転感を抱く場合と抱かない場合の分岐点にまで踏み込んだ点が，このたびの提案の最大の特徴だと考えている．結果的に，鏡像問題を包括的に扱えることになった．

　鏡像問題は，これまでは物理学と心理学が主導権争いをしてきた．高野先生と多幡先生の心理学専門誌上での議論も，それを反映

している．これら2つの学問領域で通用するパラダイムは，実験事実に基づいて仮説を検討し，提案された理論の正否を判定することである．しかし，上に記したように，鏡像問題にそのような決定実験は期待できない．1つの実験だけでは問題全体に対する答えを与えることができないし，また同じデータが複数の解釈を許しうるからでもある．筆者にはむしろ，鏡像問題は心理学と哲学の学際領域に広がる問題のように思える．現実空間と鏡の中の世界の関係をどのように捉えるかという認識論的アプローチが，この問題には不可欠である．そのプロセスにおいて心理学サイドからなしうる貢献は，人間の心の働きは必ずしもロジカルに働かないことを十分に認識し，それらを脇に押しやることなく，かつ些末なロジックにこだわりすぎないように舵を取ることである．

　もちろん，この問題に物理学が関係していないと言うつもりはない．鏡像問題は，鏡の反射という幾何光学的事実から出発すべき問題である．そうである以上，物理学の貢献が不可欠なのは明白である．しかし，物理学的観点から鏡像問題に対して提出されるべき見解は，大勢において決着がついている．鏡映変換とは，"鏡面を対称面とする面対称変換"であり，"鏡面と垂直な1軸のみの負号化"を引き起こす変換である．そしてその変換は，実物の"対掌体"を映し出すという事実から，最終的に「左右のみの反転」に至ることが説明できる．それらは，われわれが鏡の中に見る物品の物理学的性質から導かれる論理的帰結であって，"左右反転感"という心理学の問題以前のメカニズムである．多幡先生が提案される，「鏡に映る物品には上下・前後・左右が固有的に定まっており，その3軸の決定には順序性がある」という考え方も，心の働き以前の定義として受け入れることができる．上下と前後が決まってから左右が決まるという順序性があるならば，鏡に映った映像が，もとの物品の左右反転形になることは物理学的必然である．したがって，鏡に映るものがキラルなものである限り，鏡像は実物の左右反転形になっている．以上のことが，物理学から提供されるべき説明理論であり，もうそこまでの

第7章　今後の課題

見解にたどり着いている．
　念のため，鏡やレンズに関する光学的メカニズムを解説したSouthall(1933/1964)のよく知られた古典的教科書から，鏡像の幾何光学的変換の解説(p.39-40)を紹介しておこう．図83を見ながら，解説を読み進んでほしい．

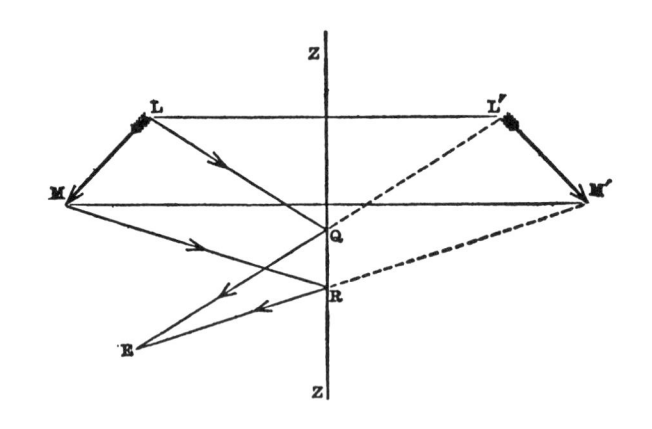

図83. Southallの古典的教科書に示されている鏡像の幾何光学的変換図

　この図は，物体LMの鏡像L'M'を，眼(E)がいかに見るかを示している．物体と鏡像の各対応点を結ぶ平行線[LL'やMM']は鏡面(ZZ)と直角に交わり，鏡面により二等分されている．鏡像の上下は，実物の上下と一致し，鏡像は正立している．また，鏡像の右側は実物の右側と，鏡像の左側は実物の左側と一致している(鏡面ZZを垂直ではなく水平軸と見れば，この関係が成り立つことが理解できる)．鏡に映し出されることにより変化するのは，前後の反転である．Southallの説明でも，鏡の前に立った人物と，紙に書かれた文字を鏡にかざした場合を例に，鏡像変換とは，上下でも左右でもなく，前後反転変換であると解説されている．

このように説明した上でSouthallは，光学に関する諸書で，人が鏡の前に立ったとき，鏡像の右側はその人の左側を示していて，右手を伸ばすと鏡像は左手を伸ばすなどとする"曲解"が流布していることに言及する．それは，実物と鏡像との対応づけを，垂直軸のまわりの180度回転によって行うためだと言う．そして，なぜ垂直軸のまわりの回転を行うかについては，それが現実的に容易に行える操作であることと人の身体が垂直軸に関してほぼ対称であることを理由に上げている．

　要するに，物理学的(幾何光学的)メカニズムは，最後の理由づけの手前のところまでは，すでによく知られていたのである．このたびの多幡先生と筆者とのディスカッションでは，最後の理由づけを，Southallが言うように，垂直軸のまわりの180度回転は「現実的に行いやすい」とか，「身体がほぼ左右対称である」などとするのではなく，鏡に映る対象物に備わった"固有的定位"から左右の定位が後回しにされるためとの見解に発展させたのである．そのため，鏡映像は実物の左右反転像を映し出すと考えたのである．

　しかし，このような物理学的説明に従えば，鏡を見る者は，鏡映像に対し，いつも左右反転感を抱かなければならないことになる．現実のわれわれは，鏡に映った映像に左右反転感を抱く場合もあれば，抱かない場合もある．それに加えて，同じく左右反転感を抱く場合であっても，座標軸決定の順序性以外の点で，異なる心的過程が働いているという事実もある("回り込み"の有無)．これらのことを踏まえれば，鏡像問題には物理学的説明の取り扱い範囲を超えた重要な問題が広がっていると見なすべきである．

　ここから先は，心理学と哲学の仕事である．哲学にも，大いに鏡像問題に加わってもらいたい．その意味では，ごく最近，加地(2003)による哲学的検討が現れたことなどは心強い．心理学の立場から解答を提案した筆者が今後なすべきことは，本書の主張の要に用いた見解を裏づける作業を，1つ1つ行っていくことである．それが完了した時点で，事実(データ)に基づいた"座標系の共用－個別化

第7章 今後の課題

説"にたどり着けたことになる．あるいは，事実確認に先立つ論理構築段階に対し，哲学などから決定的な批判が投げかけられるかもしれない．筆者の立場からは，もちろん受ける批判に適切に対応できるものと信じているが，批判をまつ身として，"座標系の共用－個別化説"の地固めとなるべき今後の検討課題を列挙して，本書を締めくくることにしたい．

7.1 全員が左右反転感を抱くのか？

第2章では，鏡の前で片手を上げて立っている自分を映し出したとき，その鏡像に誰もが左右反転感を抱くものとして議論を組み立てた．ほとんどの人には，そこで示した心的プロセスを共感的に理解してもらえたと思う．しかし中には，「鏡に映った自己身体像に左右反転感を抱くとはどういうことなのか分からない」と言う人がいるかもしれない．あるいは，「自分は左右反転感など抱かない」と言う人がいるかもしれない．そのような反応がどの程度の頻度で起こるものなのか，そう反応する人の心的プロセスの本質は何なのかを突き詰める作業が必要となる．このようなカテゴリーに入る可能性のある人を簡単なスクリーニング・テストで抽出し，その人たちには，質問紙法などの機械的方法ではなく，鏡の前に立ち実作業をまじえたインタビューを行い，自らの言葉でどう受けとめているかを語ってもらうのが適切なデータ取得法だと思う．ひょっとすると，彼らの発する言葉の中から，鏡像問題を見つめる新たな視点が生まれるかもしれない．

7.2 対面映像は他人の姿？

前鏡に向かって自分の姿を映し出した状況を扱った箇所で，次のような可能性を示唆した．鏡の像に向かって"回り込む"のは，その像を，自己の姿ではなく対面している他人の姿と見立てているためではないかという可能性である．実際に対面している他人の姿に自分の身体を回り込ませると，左右を正しく把握することができる．

そこでうまくいっているストラテジーを，鏡に映った自分の像に対してしても流用しているのかもしれない．この可能性を実証的に検討することは難しい．しかし，「回り込んでから判断する」という手順が，他人の姿に対する習慣が常套手段化したものであるとの可能性は十分にありうることである．

　5.3では，Sayeki(1981)を引用し，メンタル・ローテーション課題で用いられる積み木図形に自らの身体を投入するという擬人化が，2つの積み木図形の異同判断を容易にすることを紹介した．本書に登場した他の例で言えば，右ハンドル車か左ハンドル車かを知るために自己投入することも，現実場面では有効な左右把握手段である．当然それは，鏡に映った像に対してだけでなく，実物の自動車に対しても用いられる心的操作である．自分の身体を回り込ませるという"自己投入法"は，実物相手の状況なら正しい答えを導き出してくれる．実態を調べていけば，おそらく，かなりの人たちがさまざまなものに対し，自己投入法を駆使していると思われる．どういう場面で使い，どういう場面では使わないかを見分けていけば，鏡に映った像に左右反転感を抱く場合と抱かない場合の分岐点も見えてくるかもしれない．

7.3　見慣れない文字か左右反転文字か？

　文字について検討した第3章では，鏡に映った文字に，はたしてわれわれは左右反転感まで抱いているのかという疑問を投げかけた．実は，積極的な意味での左右反転感ではなく，"見慣れない文字"との直感的印象が，間接的に"左右反転文字"との判断につながっているにすぎないのではないか．"鏡文字"とは，定義上は左右反転文字のことだが，現実場面における知覚者は，明確な左右反転感にまで届いていないのかもしれない．この問いは，次節の，利き手判断の直感性とも関連する重要な検討課題である．

7.4 直感的判断は見る頻度が決め手か？

　逆さめがね実験を通して左利きの人を見かけたとき，即座に「左利き」と気づくのはなぜかについて疑問を投げかけた．左利きの人を見て左利きだと即座に気づくのに何の不思議もないと言ってしまえばそれまでかもしれない．しかし，左右とは，何ごとにつけ混同されやすい方向であり，さまざまな局面で，左右の混同が指摘されている．にもかかわらず，左利きの人を見ると，即座にそれと気づくのはなぜなのか．やはり問うてよい問題である．利き手に関してそれほど気にしていないときでも，左利きの人を見かけると，すぐにそれと気づく．

　第3章の最後のところでこの点に議論が及び，鏡を通して人のしぐさを見る機会の極端に多い職業の人なら，両方の利き手映像を目にする機会にそれほど差がないため，即座に左利きと気づく直感力が弱いのではないかとの可能性を提出した．あるいは，自身が左利きなら，自らの左利き動作を頻繁に目にしていることから，やはり左利き所作がポップアウトしにくいのではないかとも言っておいた．これらの問いには，実証的検討が可能だと思う．

　前者に関しては，鏡を見ることの多い職業の人たちに協力してもらい，質問紙調査，さらには聞き取り調査によってデータ収集する方法が考えられる．具体的には，理髪師などが思い浮かぶが，鏡を通して見ているのは頭を刈ってもらっているお客さんの方で，案外，刈っている理髪師自身はそれほど鏡を通して他人の動作を見ていないのかもしれない．調査対象者の選定に当たっては注意を要するところである．

　後者，すなわち左利き者への調査に関しては，コレン(1992/1994)による，左右の混同が右利きの人たちに比べて左利き者では明らかに多いとの報告がある．テキサス州で607人を対象に行った調査結果は次のようであった．右や左を瞬時に判断しなければならないときに困ることはないか，あるいは左または右へ行ってくれと命じられたとき，どちらの方向に曲がればよいかを即座に判断できないこと

はないかとの質問に,「いつも」あるいは「しばしば」右と左の区別がつかなくなると答えた人は,左手利き者では右手利き者より約1.5倍も高率だったと言う(p.261).

筆者も,「クラブレフティ」という左利きと両手利きの人たちのホームページを運営している大路直哉氏と協力し,ホームページ上で,次のようなアンケート調査を実施した.調査項目はいくつかあったが,「左利きの直感的把握」という,ここでの議論に直接関わる質問は,次のようなものであった.

> Q2:さまざまな場面で人の動作を見ていて,左利き動作をしている人を見かけると,利き手について特に注意していないときでも,すぐに「左利きだ」と気づきますか.もっとも近いと思えるものの番号を,次の中から選んで下さい.
> (1) 利き手について特に気にしていないときでも,すぐに気づく
> (2) 利き手について気をつけていると,すぐに気づく
> (3) 他の(右利きの)人たちと見比べてみて気づく
> (4) 自分の身体を回り込ませ重ね合わせてみて気づく
> (5) あまり気づかずに見逃している

このアンケートに答えてくれた人の多くは,利き手問題に関心の高い人たちで,中には右利きの人もいたが,多くは左利きまたは両手利きの人たちであった.右利き者を除く,49名の回答結果は,(1)が38名,(2)が4名,(3)が7名,(4)と(5)は0名であった.この結果をどう評価すべきかは,右利きの人たちと比べてみなければ確定的には言えないが,少なくとも筆者の思惑では,(1)や(2)を選ぶ人たちに比べ,(3)以降を選ぶ人たちがかなりいると期待していた.すなわち,自らが左利きまたは両手利きの人は,直感的な利き手判断が苦手と予想していた.ここに得られた数値は,それを明確に支持するものではない.筆者のまわりの左利きの学生たちの中に,「人の動作を見て,他の人たちがなぜ,右利きか左利きかをすぐに判断でき

るのかが不思議でならない」という人が何人かいたことを根拠に，アンケート結果を予測したのだが，思惑どおりにはならなかった．大路直哉氏の意見も，「もし世の中に左利きと右利きがそれぞれ半々いたとすれば，これは利き手の左右に関係なく，多くの人々は慣れるまでに戸惑いを覚えるでしょう．しかしながら，現実の社会ではいろんな意味で左利きは"少数派"です．よって，多くの左利きは，他者の左利きに対しても，右利きの人々が思う以上に，かなり客観的に(あるいは相対的に)"左利き"を認識しているのではないでしょうか」(大路，私信)というものであった．今後，切り口を再検討して調査し直すことになるかもしれないが，現時点では，「左利きの人たちは利き手を直観的に判断しにくい」との見解は支持できない．なお，大路氏には，利き手問題を扱った『見えざる左手』(大路，1998)と題された著書などがある．

7.5 片腕切断者の鏡像への反応

2.5では，思考実験として，不幸にして左腕を切断した人のことを取り上げた．その際，その人は鏡の前に立って(失われていない)右手を上げたとき，鏡の中の自分の姿を見て，上がっているのは右手と即座に分かるはずだと述べた．「頭が上」「腹が前」とするのと同じほど容易に，「上がっているのは右手」と"知覚"できると解説した．

だが，本当にそうなのだろうか．鏡に映っている手が，ないはずの自分の左手だと受けとめる可能性もあるのではないか．実証的研究に持ち込むにはデリケートなテーマだが，取材のような形で，データ収集する機会があればと願っている．ないはずの腕の感覚があるという"幻影肢"現象と絡めないために，切断後，少なくとも相当年数が経過した人を対象に，調査は実施されなければならない．

7.6 左右反転感を抱かない場合の前後反転感

これは，"座標系の共用－個別化説"の本質に関わる重要な問題である．第4章では，鏡の像に左右反転感を抱かない事象として，化粧

時の自分の顔やバックミラーに映ったオートバイの動きなどを取り上げた．そのとき，前後をまともに捉えようとすると，ある種の混乱が起こってしまうと指摘した．櫛とハサミを使って自分で髪の毛を切ろうとするとき，ハサミを適切な角度に当てられずいらいらすることや，オートバイが前方からこちらに向かってくるように見えなくもないなどが，前後反転が持続していることの証拠と考えられた．これらが本当に，前後を反対に捉えていることの証拠となるのだろうか，それとも，別の理由による混乱なのだろうか．この点を突きとめる作業が必要である．

　この問題をめぐっては，鏡を覗きながらドライヤーで側頭部の髪をセットしているとき，知らず知らずのうちにその面を鏡面と平行になるように頭を回転させていることを指摘した．そしてその理由を，前後に関する視覚的処理を避けて鏡と平行な面内での上下左右方向の調節に持ち込もうとするためだと説明した．この推察が正しいかどうかを調べるには，鏡に向かって顔を正面に向けた状態でドライヤーとヘアーブラシで側頭部をセットする条件と，側頭部を鏡の方に向けてセットする条件での正確さを比較する方法が考えられる．そのような作業を行っているときのブラシの向きを，頭上から撮影したビデオ画像を詳細に時空間分析し，ブラシの角度の適切さ（頭の側面に平行に当てられている程度）を測定する．鏡に映った映像から必要な奥行情報を得ているなら，正面を向いた姿勢でも，ドライヤーやブラシを側頭部に適切な角度で当てられるはずである．反対に，奥行情報の捉え間違いが起こっていれば，側頭部を鏡に向けた条件と比べて，ブラシの角度のずれが大きくなるに違いない．

7.7　左右が逆さに見えない"直角合わせ鏡"

　最後に，5.7で予告しておいた"直角合わせ鏡"についての検討を行いたい．普通の鏡に自己像を映して右手を上げたとき，鏡の中では左手を上げているように見える（図84参照）．この現象は，鏡像問題の基本をなすものである．しかし，このときの自己像は，本当の意

第7章　今後の課題

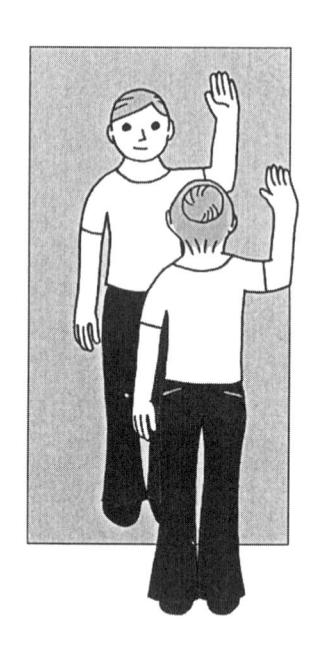

図84. 鏡の前で右手を上げる

味での左右反転像とは言えない．それは，幾何光学的前後反転から，"回り込み"という心的操作を経て行き着いた左右反転感だからである．そうであるなら，もし左右が逆さに見えない鏡を覗き込んだとすれば，われわれはそこに映し出された自己像に，どのような左右感を抱くだろうか．

　そのような鏡は，案外たやすく作ることができる．2枚の鏡を直角に組み合わせればよいのである．ちょうど，本を90度に開いて机の上に立てるときのように，その"直角合わせ鏡"を目の前に置けば，左右反転していない自分の姿を映し出すことができる(図85)．身近なところでは，三面鏡のうち2面を使って体験することもできる(継ぎ目が目立ちあまりよいものとは言えないが)．欲を言えば，"直角合わせ鏡"として使用する鏡には，表面鏡を用いるのがよい．普通の

鏡だと，鏡の塗布面の前に数ミリ厚のガラスがあるため，像がだぶって見えてしまうからである．直角合わせ鏡では，斜めからの反射像をおもに利用するため，ガラス前面での反射が生む二重像が目立ってしまう．表面鏡だと，ガラスの前面に鏡面が塗布されているため，二重像にならない．

　筆者も，高さ30cmほどの直角合わせ鏡をもっているが，その鏡を覗き込んで右手を上げると，鏡の中の自分の像も確かに右手を上げている．だが，この直角合わせ鏡を「左右反転しない鏡」とすることが適切かと言うと，そうとも言えない．普通の鏡が左右反転像を映

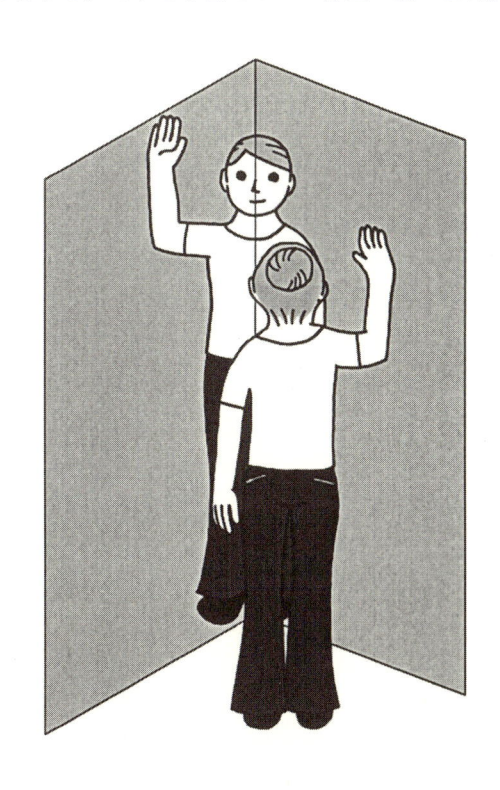

図85. 直角合わせ鏡の前で右手を上げると

し出していると見なす観点からすれば，確かに"直角合わせ鏡"は「左右反転しない鏡」と言わなければならない．しかし，本当の自分が"右側"の手を上げているのに，鏡の中の像が"左側"の手を上げていることへの違和感は相当なものである．例えば，そこに映った自分の像を見ながらネクタイを結ぼうとしようものなら，大変なパニックに陥る．眼を閉じてやり直す方が，よほどうまくいく．このような性質を抱え込んだ"直角合わせ鏡"であることを考えると，"左右反転しない鏡"ではなく，"回り込み鏡"と呼ぶのがふさわしい．

"直角合わせ鏡"については，グレゴリー(1997/2001)も言及しており，この鏡を見ながら髭を剃ったり髪をとかしたり化粧をしたりすると，「じつに奇妙な混乱を引き起こす」(p.101)と記している．彼はその理由について，「[普通の]鏡の左右反転によって混乱することに慣れてしまっているから，反転しなくなると，かえって混乱してしまうのだ！」と述べている．

しかし筆者は，「左右反転する普通の鏡に慣れてしまっているから」との理由に同意しない．ある面では普通の鏡の方が左右反転しない鏡であり，直角合わせ鏡こそ左右反転鏡だと考えられるからである．例えば，鏡を見ながら顔を左右に動かすと，普通の鏡なら鏡像も同じ方向についてくるが，直角合わせ鏡では左右反対向きに逃げていく．「左右反転していない見え方」とは，静止像としての性質だけでなく，動きに関しても左右反転していないことが重要だと考える．直角合わせ鏡を覗きながら，頭や手を左右に動かすと，とても奇妙で制御不能な感覚に襲われる．そのため，鏡を見ながら身体に働きかける手の動きを正確にコントロールしなければならない作業では，完全に混乱する．さらに，頭を左右に動かすと，鏡の中では頭自身が逆方向に動くだけでなく，静止しているはずの背景も頭の動きに同期して動いて見える．このことも，安定感を著しく阻害する．直角合わせ鏡の前で体験する自らの身体運動の不制御感や視野映像の揺れには，逆さめがねを着けているときの動揺感と共通するものがある．逆さめがねを着け始めたばかりの頃は，手が思い通り

に動かず，頭を動かすと"視野の動揺"と呼ばれる，視野像全体の動揺感に襲われる．それと同じような不制御感が，"直角合わせ鏡"には存在する．

　グレゴリーは，"直角合わせ鏡"で生じる混乱は，普通の鏡の左右反転に慣れてしまっているためと言った．それは，反転視状況に順応してしまったことへの"残効"とでも言うべきものなのだろう．この点に関しては，"直角合わせ鏡"を覗きながら長時間，作業を繰り返すことに伴う順応的変化を追ってみなければ何とも言えない．しかし，筆者自身の左右反転めがね着用体験から類推すれば，例えばネクタイをうまく締めることができるようになるまでにも，相当の時間を要するように思える．筆者の考えでは，総合的に評価すれば，普通の鏡が正常視の世界であり，"直角合わせ鏡"こそが左右反転の世界である．

　"直角合わせ鏡"に匹敵する出来事を，筆者は左右反転めがね実験で体験していた．被験者になってくれていた学生に付き添って，大学内を散歩していたときのことである(吉村，1999)．建物の前を通りかかったとき，大きな窓に被験者の姿がはっきりと映し出されていた．その鏡のような窓ガラスに向かって，被験者にどちらかの手を上げてもらい，こう尋ねた．「鏡の中で上がっている手は，あなたの上げている方の手ですか？　それとも，反対の手ですか？」　図86に示した状況である．それに対する被験者の返答は，「反対の手」というものであった．客観的に右手を上げているとき，同じ右側に見える手ではなく左側に見える手が上がっていたため，「反対の手」と受けとめたのである．これは，2週間の左右反転めがね着用実験の前半でのエピソードであった．おそらくわれわれが"直角合わせ鏡"を覗いたときに抱く知覚印象も，これに近いものであろう．

　着用期間も終盤にさしかかった頃，もう一度，窓ガラスの前で同じ質問に答えてもらう機会があった．今度は，積極的に「同じ手」とまで言えないまでも，「反対の手でもない」と答えたのである．この間に変化したのは，自分の右手の位置感覚である．数日前に行った

第7章　今後の課題

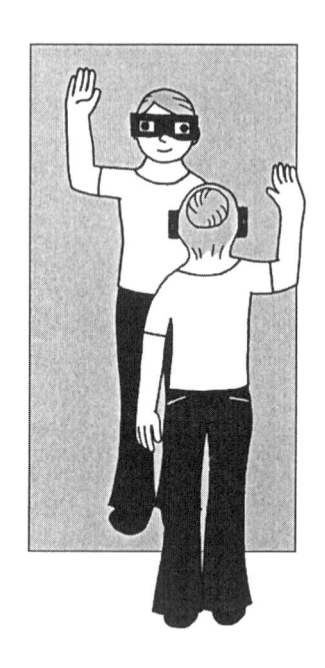

図86. 左右反転めがねを通して鏡に映った自分を見ると

ときには，われわれ正常視者と同じく，上げた右手は正常視のときと同じ位置に感じられていた．ところが今回は，本来なら左手を感じる位置に，自分の右手があるように感じ始めていたのである．まだ完全には身体感覚の変更が完成していないので，確信をもって「同じ手」とまでは言えないものの，少なくとも「反対の手でもない」というところにまで変化していたのである．

　左右反転めがね実験でのこのエピソードは，自分の右手とは，鏡の中の自分の右手ではなく，"右側の手"であることを強く印象づける．着用期間終盤に見られた変化も，上げている右手の感じられる位置の変化であって，その変化に導かれて，鏡の中の"左側"に見える手に一致感を抱くようになっていったのである．

このように考えると，正常視状況でわれわれが普通の鏡を覗いているときに抱く「反対の手が上がっている」との印象は，"回り込み"を経過した間接的な認知のように思える．座標系の個別化は，確かに鏡の中に自分の姿を見た瞬間から始まっている．しかし，そこから「反対の手が上がっている」と判断するまでには，"回り込み"という心的操作を介在させなければならない．メンタル・ローテーション実験で明らかになった「心的回転には回転角に応じた時間を必要とする」との知見を踏まえれば，「反対の手」と判断するまでにも，それ相応の反応時間を要するはずである．鏡の場合，その間，前後反転から左右反転への変換を行っている．鏡の中にこちらを向いている自分の姿を見て取るのは"知覚"と言えるが，そこから反対の手を上げた自分の姿と捉えるまでの心的作業は"認知"と考えるべきである．あるいは，Irvin Rockの「知覚は問題解決過程」(吉村，2001)との主張に従えば，ここで述べた"認知"も，実は知覚であり，知覚自体が知性をもった心的過程であることの証左なのかもしれない．鏡の映像に対し，われわれが座標系の個別化を選ぶことは，「半ば自動的」に進むと，5.2で述べた．「完全に自動的」でない部分の心的処理こそ，Rockの言う「問題解決過程」なのである．

引用文献

コレン,S. 石山鈴子(訳) 1992/1994 左利きは危険がいっぱい 文芸春秋

グレゴリー,R.L. 鳥居修晃・鹿取廣人・望月登志子・鈴木光太郎(訳) 1997/2001 鏡という謎―その神話・芸術・科学― 新曜社

はらだ玄 1996 メークアップと左右差 化粧文化,No.35, 64-68.

加地大介 2003 なぜ私たちは過去へいけないのか―ほんとうの哲学入門― 哲学書房

勝井晃 1971 方向の認知に関する発達的研究 風間書房

黒田玲子 1992 生命世界の非対称性 中公新書

大路直哉 1998 見えざる左手 三五館

ピアジェ,J.・インヘルダー,B. 波多野完治・須賀哲夫・周郷博(訳) 1966/1969 新しい児童心理学 白水社

Rock, I. 1973 *Orientation and form.* New York: Academic Press.

坂根厳夫 1977 遊びの博物誌 朝日新聞社

Sayeki, Y. 1981 'Body analogy' and the cognition of rotated figures. *The quarterly Newsletter of the Laboratory of Comparative Human Cognition,* **3**, 36-40.

Shepard, R.N. and Metzler, J. 1971 Mental rotation of three-dimensional objects. *Science,* **171**, 701-703.

篠原彰一　1990　学習　詫摩武俊（編）　心理学　新曜社　pp.31-41.

Snyder, F.W. and Pronko, N.H. 1952 *Vision with spatial inversion.* Wichita, Kansas: University of Wichita Press.

Southall, J.P.C. 1933/1964 *Mirror, prisms and lenses: A text-book of geometrical optics. 3rd ed.* New York: Dover.

Stratton, G.M. 1896 Some preliminary experiments on vision without inversion of the retinal image. *Psychological Review,* **3**, 611-617.

Stratton, G.M. 1897 Vision without inversion of retinal image. *Psychological Review,* **4**, 341-360, 463-481.

Tabata, T. and Okuda, S. 2000 Mirror reversal simply explained without recourse to psychological processes. *Psychonomic Bulletin & Review,* **7**, 170-173.

高野陽太郎　1997　鏡の中のミステリー　岩波書店

Takano, Y. 1998 Why does a mirror image look left-right reversed? A hypothesis of multiple processes. *Psychonomic Bulletin & Review,* **5**, 37-55.

Welch, R.B. 1978 *Perceptual modification: Adapting to altered sensory environments.* New York: Academic Press.

矢野健太郎　1954　朝日文化手帖36　右と左　朝日新聞社

矢野健太郎　1980　掛谷先生と「右と左」　坪井忠二他　右と左―対称と非対称の世界―　サイエンス社

吉村浩一　1997　3つの逆さめがね[改訂版]　ナカニシヤ出版

吉村浩一　1999　広視野左右反転めがね長期着用実験：金沢'97　金沢大学文学部論集行動科学哲学篇, **19**, 1-20

吉村浩一　2001　知覚は問題解決過程―アーヴィン・ロックの認知心理学―　ナカニシヤ出版

吉村浩一　2002　逆さめがねの左右学　ナカニシヤ出版

吉村浩一　2003　逆さめがね制作史　明星大学心理学年報, **21**, 13-40.

吉村浩一・大倉正暉　1980　上下逆転視－左右反転視の比較II　直線描画作業について　日本心理学会第44回大会発表論文集, 192.

索 引

ア行

アキラル 12, 24, 51, 90, 98
後ずさり感 138
アミチ・ダハ・プリズム 130
鋳型照合 50, 103
異性体 17
1軸のみの反転 23, 115, 116
1軸のみの負号化 14, 17, 78, 153
1軸反転の原理
　　　106, 109, 132, 137, 138
intrinsic orientation 33
Welch, R.B. 139
右折と左折 133
裏返し 29, 133, 138
「裏返しの美女」 29
エレベータ 56
オートバイ 83
大倉正暉 145
大路直哉 159
奥行のない平板なもの 102
お面の凹凸反転 29

カ行

顔の左右 64, 109
鏡の設置面 76, 98
"鏡の設置面による規定"事態 109
鏡文字 20, 48, 54, 88, 90, 118
加地大介 155
片腕切断者 36, 160
片岡晶 29
「肩越し撮影」映像 142
カップ 71, 110, 114

勝井晃 120
紙に書かれた2次元映像 49
環境枠組み 32
眼上鏡式上下反転鏡 127
利き手判断 51, 57, 140
利き手判断テスト 141
利き手判断の直感性 157
利き手判断の非直感性 130
擬人化 104, 157
鏡映描写 143
鏡像の幾何光学的変換 154
キラル 12, 24, 98
空間枠組み座標 37
櫛とハサミ 70, 102. 161
クラブレフティ 159
Gregory, R.L. 38, 152, 164
黒田玲子 12
コーヒーカップ 72
広辞苑 23, 36, 90
個人差 100
言葉遣いのすれ違い 118
個別の座標軸 81
固有的定位
　　　32, 35, 72, 75, 100, 113, 155
Coren, S. 158

サ行

佐伯胖 105, 157
逆さ富士 77, 100, 109
逆さめがね 5, 124
『逆さめがねの左右学』 5, 29, 111
逆さめがねの種類と構造 124
坂根厳夫 29
座標系の共用 67, 81
座標系の共用－個別化説
　　　98, 101, 105, 113, 152

173

座標系の個別化　99, 100, 101
"座標系の積極的共用"事態　109
左右異性体　17
左右誤認　138
左右体　17
左右対称文字　110
左右の混同　158
左右反転感　29, 38, 48, 57, 100, 104, 138, 140, 153
左右反転しない鏡　164
左右反転めがね　140
サングラス　15
残効　165
3軸決定の順序性　20, 22, 31, 99, 111, 153
Shepard, R.N.　42
視覚−運動協応　69
時間的前後関係　117
軸の名称　33
軸名のない物体　75
自己中心性　120
自己投入法　94, 104, 142
実際に対面している人物　32
自動車のハンドル　94
視野の動揺　165
重力　76, 87
Snyder, F.W.　129
上下と左右の同時反転　93
上下反転感　24, 100
上下反転感の消失　135
上下反転めがね　130
"進行方向"と"調整方向"　147
心的回転　41
心理学の問題　11, 25, 50, 99, 100, 104, 112
Stratton, G.M.　129
"前後軸"　34, 38, 44

Southall, J.P.C.　15, 154
像の拡大・縮小情報　85

タ行

対称形の文字　90
対掌体　17, 23, 30, 35, 39, 68, 98, 118, 153
対象物の形態的特性　110
対人場面習慣化説　32
高野のタイプIII　48, 109
高野陽太郎　3, 38, 48, 82, 109, 152
多重プロセス理論　3, 48, 82
脱中心化　120
多幡達夫　5, 23, 111, 155
知覚順応　148
知覚は問題解決過程　167
直角合わせ鏡　117, 161
直角プリズム　125, 145
直感的判断　141, 158
積み木図形　41, 75, 105, 157
積み木物体　110
鉄棒での逆上がり　130
鉄棒での前回り　130
手前−向こう反転感　137
天井鏡　82, 91
天井−床　87
テンプレート　50, 118, 138, 140

ナ行

半ば自動的　102
中谷宇吉郎　12
7セグメント表示方式　56
2軸の負号化　20

2軸反転　116
ネクタイを結ぶ　164
野依良治　17

ハ行

bi-oriented　139
バックミラー　1, 82, 101, 109, 161
バッター　38
Piaget, J.　120
左利き者のポップアウト　158
左利きの直感的把握　159
表面鏡　162
ひらがなの「お」　87
負号化　10
不斉合成の原理　17
物理学パラダイム　153
Pronko, N.H.　129
平板な顔　69
偏と旁　54
ホームページでのアンケート調査　159
ボール　74, 110
方向概念の発達　120
ホクロ　66
星形図形　143
本当の自分の顔　65

マ行

前鏡　76, 91
回り込み
　29, 31, 32, 35, 37, 40, 44, 48, 75, 92, 94, 103, 105, 132, 156, 162

見慣れないとの違和感　60
見慣れない文字　118, 157
見慣れない文字との違和感　55
目覚まし時計　71
Metzler, J.　42
面対称変換　153
メンタル・ローテーション
　41, 75, 104, 157
文字　48, 89, 140
文字の前後軸　49
文字の対称性　90
文字列　54
mono-orientedness　139

ヤ行

野球中継　37
矢野健太郎　8, 29, 113
有契性　34
床鏡　76, 86, 91, 132
弓の矢　71, 73, 110
横鏡　46, 48, 76, 82
吉村浩一
　3, 5, 111, 137, 139, 145, 167

ラ行

理髪師　158
ロウソク　86, 109
Rock, I.　33, 167

あとがき

　皆さんは"月の錯視"という現象をご存じだろうか．山の端から出たばかりの月は，天空高く見上げる月よりもずっと大きく見える現象である．これが"錯視"と呼ばれるゆえんは，山の端の月も，物理的には天頂の月と同じ大きさの映像なのに，それを見ているわれわれには，まるで違った大きさに見えてしまうところにある．どちらの月も，五円玉を手にもち腕をいっぱい伸ばして月に向かってかざせば，穴にぴたりと収まる大きさなのである．"月の錯視"はずいぶん昔から知られている現象で，これまで幾多の学者たちが，なぜ大きさが違って見えるかをめぐって，20近くもの異説を提出してきた．そうした状況にあった1960年頃，スペリー・ランド社の若き主任研究員L.Kaufmanと知覚心理学者のI.Rockが，ついに二千年来の謎に解答を与えたとして，ニューヨーク・タイムズ紙が大々的に報道した．観察する人と月とのあいだの建物や風景などの介在が月を大きく知覚させるとする学説であった．しかし，実験データに基づいて提出された決定的とも思えた彼らの学説も，"月の錯視"を一面から捉えているにすぎないことがやがて明らかとなり，定説の地位を得るに至らなかったのである．

　誰でもが日常，当たり前のように経験している現象がなかなか定説にたどり着けないという点で，本書で取り組んだ鏡像問題も同じである．そして，「鏡は左右のみを反転し上下は反転しないのはなぜか？」との問いに対しても，さまざまな説が提案されてきた．この点についても，"月の錯視"と同じである．そのような鏡像問題を説明するために，筆者は本書で，"座標系の共用－個別化"という考え方を提案した．説明の一貫性を目指すため，他の諸説には深入りせず，筆者の観点からの説明に終始した．さまざまな角度から検討を加えようとすると，とたんに説明のロジックが見えにくくなる．そうした思いから，一面からの検討を貫いた．したがって，筆者には，二千年来の問題に完全な解答を与えたという思いはない．本文

あとがき

中でも記したように,これまでの諸説に新たな説を1つ加える仕事をしたと考えている.だが,その提案は,鏡の映像に左右反転感を抱く場合だけでなく,左右反転感を抱かない場合も説明範囲に含み得たという点で,これまでにない広い視野からの提案だと考えている.

この提案を行う作業に,筆者が長らく逆さめがねの世界と向き合ってきたことが役立ったことは間違いない.しかし,鏡像問題がいまなお難問であり続けているのは,一面からの検討ではどうしても見過ごされてしまう死角を抱えてしまうためだと思う.逆さめがねという特殊な視点だけでは,鏡像問題は到底解決することはできなかった.その意味で,狭まりがちな筆者の考えに警告を発し,重要な示唆を与えてくださった方々へ,本書を終えるに当たり改めてお礼申し上げたい.

大阪府立大学名誉教授で放射線物理学がご専門の多幡達夫先生には,前著『逆さめがねの左右学』のときから鏡像問題に対する筆者のロジックの甘さをご指摘いただき,本書の原稿段階でもていねいなコメントを頂戴した.そして本書に対し,「一物理屋のコメント」と題する文章をお寄せいただいた.多幡先生が示された視点は,筆者の提案を理解する上でも役立つものと確信している.

また,鏡像問題を心理学の問題として正面から検討され,"多重プロセス理論"を提案された東京大学の高野陽太郎先生には,共同で企画させていただいた日本認知心理学会での鏡像問題に関するシンポジウム以来,筆者が理解できるまで"多重プロセス理論"をていねいに説明していただき,お陰で,この問題が心理学の問題として深く根を下ろしたものだと確信することができた.

お二人とも,自説を心理学の英文専門雑誌に発表なさっているにもかかわらず,ご自身の考えを筆者に押しつけることなく,俎上に載せたトピックに対してフェアーな議論につきあってくださった.本書を終えるにあたり,お二人にまずもってお礼申し上げたい.

また,『逆さめがねが街をゆく』以来,イマジネーションをかき立

てる図やイラストを作っていただいてきた川辺千恵美さんからは，本書の作成にあたっても，欠くことのできない映像的サポートを頂戴した．本書をお読みいただくにあたっては，実際に鏡を手元に置いて読み進まれた読者も多いと思う．しかし，たとえ鏡を見ながらでも，文章だけでは捉えにくい記述やトピックがあったに違いない．それらに対し，鋭く切り込む映像を提供して下さった川辺千恵美さんに，心からお礼申し上げたい．そして，そうした私流の編集スタイルを，今回も快く引き受けて下さったナカニシヤ出版の皆さんにもお礼申し上げたい．

　最後に，私事で恐縮だが，本書を，今は亡き牧野達郎先生に捧げたい．もう引退してはおられたが，昨年4月，突然，先生の訃報に接することになった．亡くなられた実感をもてないまま，ご葬儀まですみ，何の恩返しもできずに，先生とお別れすることになった．亡くなられたことをじわじわと実感する中で，先生の一回忌に向けて本書を完成させたいとの目標をもって，作業を進めてきた．牧野先生はわが国の逆さめがね研究の開拓者で，われわれがこの分野の研究を世界に類を見ない集中度で行うことができたのも，鋭い批判力と心理学に対するユーモアのセンスをもって先生に見守っていただけたお陰だと思う．因縁めいた話だが，鏡像問題に対し，筆者以上に熱心に取り組んでこられた高野陽太郎先生は，早稲田大学で牧野先生から薫陶を受けられた学生のお一人である．その高野先生から刺激を受けて本書を作成できたことで，晴れがましさがお嫌いだった牧野先生も，この本を捧げることを受け入れてくださることと思う．

　牧野先生のライフワークであった"枠組みの問題"が，鏡像問題に対する"座標系の共用－個別化"という考え方につながった．われわれが現実世界と鏡の中の世界をいつも同じ座標枠組み内で捉えているのであれば，鏡像問題は生まれなかったと思う．生活を取り巻くさまざまなものが，そうした共通座標系という枠組みではなく，鏡に映ったものの固有的定位に従って定位されることから，「鏡による

あとがき

左右反転」という鏡像問題が生まれることになったのだと思う．逆さめがね研究を通して出会ったもう一人の恩人，Irvin Rockが，"知覚は問題解決過程"という枠組みを生前，徹底して投げ続けてくれたことも，この問題への解決への重要な道標になった．ここに，両恩人に対し，感謝の意を込めてお別れすると共に，本書を閉じることにしたい．

2004年3月31日
吉村浩一

一物理屋のコメント

多幡達夫

まえおき
C1　狭義の鏡像問題
　C1.1　問題の解釈
　C1.2　吉村の説明：Tabata-Okuda説との比較
　C1.3　文字の鏡像：特に上下対称文字の扱い
　C1.4　従属軸仮説
　C1.5　鏡映変換
　C1.6　物理学者と「心理」(1)：朝永の随筆
　C1.7　物理学者と「心理」(2)：ファインマンの説明
　C1.8　数学者の示唆(1)：滝沢の教科書
　C1.9　数学者の示唆(2)：矢野の随筆
C2　広義の鏡像問題
　C2.1　発端
　C2.2　問題の解釈
　C2.3　吉村説とその意義
　C2.4　「今後の課題」について
おわりに
文献

まえおき
　私の文では，学術論文式に敬称や敬語を一切省略することを断っておく．吉村が引用している文献を私が引用するときは，( )内に発行年を記す．私独自の文献引用には，[ ]内に発行年を示し，文末の「文献」欄に詳細情報を記す．また，吉村が左右等の1軸について「反転」といっていることを，私の文では，「逆転」と書く．その理由は，C1.5で述べる．

C1　狭義の鏡像問題

C1.1　問題の解釈

グレゴリー(1997/2001)によれば,「鏡像ではなぜ左右が逆になるのか」という問題は,プラトン(427—347BC)の「ティマイオス」中ですでに論じられているそうである.しかし,設問自体のアイマイさと,視覚による認知という心理的要素の介在のため,本質的には心理に関係のない説明のできる範囲においても,この問題への明快な解答はごく近年までほとんど与えられて来なかった.「心理に関係のない説明」を以下では「物理的説明」と略称する.略称であることを明瞭にするため,つねにこのことば全体,あるいは,そのような説明等に言及するときの「物理的」の語に「」をつける.吉村は「物理学的説明」としているが,これでは,より狭い意味を連想しそうなので,私は「学」の文字をはずす.

「鏡はなぜ左右を逆にし,上下を逆にしないか」という古来の疑問文に対しては,「左右を逆にしない場合もある」,「上下を逆にする場合もある」などの反論もできる.しかし,これらは別の問題として除いておき,この疑問文を字義通りに捕らえたものを,ここでは狭義の鏡像問題と呼ぶ.

与えられた疑問文に答えるには,まず,その意味をはっきりさせなければならない.問いの内容が成立するための条件が疑問文中に述べられていなければ,それがどのような場合でも成立するかどうかを検討する必要がある.その点,この疑問文には,少なくとも一つの条件規定が脱落している.「鏡」は「1枚の平面鏡」といい換えなければならない.凹面鏡や2枚の平面鏡をチョウツガイでつないだもの(後者は本書7.7節でも「直角合わせ鏡」として登場する)では,1枚の平面鏡とは異なった像を作ったりするからである.しかし,私の文では,特に断らない限り1枚の平面鏡を扱うので,このいい換えを実際に書き込むことは省略する.

ほかにも,古来の疑問文で脱落している条件はないだろうか.そ

れを考える際，支障のない限り，疑問文自体が規定していない条件を持ち込まないように解釈することも重要である．

　この疑問文を，「私が右手を上げた姿を鏡に映すとき，鏡の中の私は左手を上げている」という例で示される現象の理由をたずねている，と解釈してみよう．本書の「はじめに」にある吉村の解釈では，「鏡の前に立って右手を上げたとき」とあるが，必ずしも「前に立って」いる必要はないので，ここではそれを省き，「私」と鏡の相対位置が限定されないようにした．この解釈例は，疑問文が暗に意味する条件(「無条件」は条件の一種と考える)を，次の(1)と(2)で説明するように，正確に再現している．

(1) 古来の疑問文は「私」と鏡の相対位置(垂直状態の鏡に正対する，横向きに相対する，あるいは，水平状態の鏡の前に立つ，等々)を取り立てて述べてはいない．したがって，この点で制限がないと考えるのが妥当であろう．前記の解釈例も，この相対位置に無関係に成り立つ現象を述べている．

(2) 解釈例では，「私」については，当然「私」を基準としての右に言及しているが，「鏡の中の私」については，それが独立な人物であるかのように見て，その人自身の基準での左について述べている．換言すれば，解釈例での向きの基準は，重力のように外界に依存するものではなく，また，「私」だけの基準でもなく，「私」と「鏡の中の私」のそれぞれに属する基準である．このことから，前は腹，うしろは背で，上は頭，下は足を意味することになる．つまり，「鏡の中の私」においても，頭(上)はあくまでも頭であって，足(下)が頭になることはない(同様の説明は，本書2.3〜2.5節にも述べられている)．したがって，疑問文の後半にある「上下を逆にしない」という状況が，解釈例においても，「私」と鏡の相対位置に無関係に成り立っている．

　この解釈例から，鏡に映るものを「私」という人間以外の一般的な「物」に敷衍すれば，狭義の鏡像問題は次のようにいい換えられる．「実物と鏡像のそれぞれに固有の座標系(固有の上下・前後・左右軸)

で判断したとき，それらの左右非対称性は逆になる(以下「左右の逆転」と略記)が，上下非対称性は逆にならない．これはなぜか．」

一般的な「物」といっても，この表現にあるように，固有の上下・前後・左右軸を決めることができ，たとえわずかでも左右非対称性をもつ(本書1.3節で述べられている「キラル」性を有する)ものでなければならない．なお，ここでいう「固有の座標系」は，吉村が使っている「固有的定位」あるいは「個別化された座標系」と同じものである．

英語では，上下を表すことばとしてup–downを使うと，重力の向きとまぎらわしいので，Tabata-Okuda報文(2000)(正規の「論文」でなく，Theoretical Noteである)では，実物と鏡像にそれぞれ固有の上下をいうとき，top–bottomを使っている．これに相当する適切な日本語が見当たらないのは残念である．

問題を前記のように明確化すれば，「上下が逆にならない」のは，先に(2)で説明したことから，しごく当然であり，謎は左右の逆転だけに絞られる．

C1.2　吉村の説明：Tabata-Okuda説との比較

吉村は第1章において，狭義の鏡像問題への答を2段階で与えている．第1段階は，実物と鏡像は鏡面を対称面として面対称関係(鏡面に垂直な方向について逆向きの関係)にあるという説明である．これは光の反射法則から出てくることで，第1章の表題通り，まさに幾何光学的な事実である．

次いで吉村は，非対称な物体を1軸について逆向きにした構造のものが，もとの物体の対掌体と呼ばれることを述べている．したがって，第1段階で述べられた実物と鏡像間の面対称関係，すなわち，鏡面に垂直な方向についての逆向きの関係は，両者が互いに対掌体の関係にあることを意味している．

対掌体を作るためにそれに沿って逆向きにする「1軸」は，必ずしも上下・前後・左右の軸のうちの一つでなく，任意の方向でよい．こ

のことを幾何学的に証明するのは面倒かも知れない．しかし，次のようにして経験的に得心できる．右手を鏡の前に差し出して，どのような向きに回しても，その鏡像はつねに左手の形になる．このとき，逆になる軸は，鏡についていえば，鏡面に垂直な方向として一定しているが，右手についていえば，中指に沿う線であったり，手の甲の中心から掌の中心へ突き抜ける線であったり，親指のつけ根と小指のつけ根を結ぶ線であったり，さまざまである．つまり，右手をどの線に沿って逆向きにしても，左手という対掌体の形になるのである．

　前々段で述べた実物と鏡像の対掌体関係を使えば，狭義の鏡像問題は，「実物と鏡像は，任意の1方向について逆になったと考えてよい対掌体同士であるにもかかわらず，それらにそれぞれ固有の座標系で判断したとき，つねに左右が逆転するのはなぜか」という問題に還元できる．

　吉村は，このような「問題の還元」は行わないで，上下・前後・左右3軸の決定において，上下・前後に優先性があること(3軸決定の順序性)に触れる．そして，鏡映による像の前後軸の負号化と，比較のため実物の上下・前後軸を像のそれらに一致させる操作で生じる負号化を合わせて，左右のみが互いに逆になることを示し，第2段階の説明としている．比較の操作は実物の回転であり，これによって前後・左右2軸が負号化し，前後の負号化は鏡映の負号化と打ち消し合う．鉛直軸の周りの回転で前後軸を一致させて比較するところに，上下・前後軸の優先性が使われている．この説明では，実物が鏡に正対している場合を扱っているだけで，任意の向きで相対している場合はどうなのかという疑問が残る．しかし，その場合についても，いくらか込み入った数学を使えば，同様に説明できるはずである．

　他方，前記の「問題の還元」を行い，還元された問題に対して，3軸決定の順序性を適用すれば，実物と鏡の相対位置にかかわらず，左右の逆転を一般的に説明できる．実物の対掌体である鏡像で逆転し

185

た1軸は，決定が後回しになる左右軸に押し付けられるほかない，というのが答であり，これがTabata-Okuda報文の採用した説明である．同報文は，吉村の説明の一般化に必要な込み入った数学を，対掌体の性質についての立体幾何学上の知識で代用したのである．

なお，吉村は第2段階において，実物と鏡像の対掌体関係を利用してはいないが，その本質である「1軸について逆転した関係」を「鏡映変換による1軸逆転の原理」と呼び，左右逆転感の有無を分析する際の基礎として，一貫して利用している．

C1.3　文字の鏡像：特に上下対称文字の扱い

対称性のない文字の鏡像が左右逆転することについて，Tabata-Okuda報文は，文字に固有の上下・前後・左右を，人ほか一般の物体の場合と同様に仮に定義すれば，後者についてと同じ説明があてはまる，としている．文字に固有の上下は，普通われわれが文字を読むときに視野の上下にそれぞれ合わせる向きであり，特に問題はない．文字に固有の前は，普通われわれが文字を読むときに相対する面，うしろは文字の書かれている媒体の裏面とする．そうして，この上下・前後軸から，人の場合と同様に文字に固有の左右を決めれば，その左は，われわれがその文字に正対したときに向かって右側にある方になる．これは，われわれが普通「文字の左」という側とは逆であるが，実物と鏡像の文字の両方で逆の定義になるので，左右逆転の理由を考えるのに支障はない．吉村が3.1節で述べている文字の左右逆転の説明も，Tabata-Okuda報文と同じ考え方である．

ここで，「上下対称文字」の鏡像について特に考えて見たい．本書4.7節に，「上下対称文字である『B』には鏡文字が存在する」とある．しかし，「B」の鏡文字と思われるものは，鏡面内での180度回転を考えれば，もとの文字と同じになるので，鏡文字ではないと見ることもできる．真の鏡文字ではない，というべきであろう．

一般の物体は上下対称であれば，固有の左右軸が決められないので，狭義の鏡像問題の対象から自動的に除外される．他方，文字は

上下対称でも，その文字の存在環境である本の構造や黒板の設置状態など，媒体の上下を頼りに，2次元的非対称性が学習される（吉村のいう「鋳型」の形成がなされる）．その結果，例外的に3軸決定の順序性に従わないで，左右非対称性を優先した固有座標系の決定がなされる．これは一見，従属軸仮説に都合が悪いようだが，次のような理由で，上下対称文字は上下対称物体と同じく，狭義の鏡像問題の対象から除外されると考えられる．

　吉村が「B」の鏡像を鏡文字であるといったのは，観察者あるいは実物の文字の上下を鏡像にも適用した判断によるものである．これは，広義の鏡像問題に対する吉村説に出てくる「共用座標系」を一部利用したことになり，固有座標系の使用のみを考えている狭義の鏡像問題にはおさまらない．また，「B」の学習において生じた固有座標系における左右軸の例外的優先を適用すれば，鏡像を180度回転して実物と比較し，鏡像には逆転がないと判断し，やはり，「左右が逆になるのはなぜか」という狭義の鏡像問題の対象に入らなくなる．上下対称な一般の物体が除外されるにもかかわらず，上下対称文字は除外されないと考えるのが無理なのである．狭義の鏡像問題の対象となる文字を，C1.1の注や本節の初めに記したように，単に「対称性のない文字」としておけば，上下対称文字を左右対称文字とともに除外できる．この点で，Tabata-Okuda報文は不明確であった．

C1.4　従属軸仮説

　前々節で要約した吉村の狭義の鏡像問題に対する説明は，第2段階においてTabata-Okuda報文のものとは相違があるとはいえ，基本的には3軸決定の順序性に基づいており，同報文と同じく「従属軸仮説」に属するものである．

　従属軸仮説という名称は高野[2003]による「優先次元仮説」という命名を修正したものである．修正の理由は，決定が優先されるのは上下・前後の2軸であるが，逆転が問題になっているのは，これらに従属的に決まる左右軸であるから，「従属」を前面に出す方がよかろ

うということである．高野自身も鏡像問題を扱う中で，高野(1997)とTakano(1998)の両文献において，左右軸の従属性に言及している．しかし，彼はこれを鏡像問題の答の中心には据えなかった．問題の捕らえ方がTabata-Okuda報文とは異なり，心理的認知過程に重点をおいたものだったからであろう．

　Takanoの論文(1998)への反論としてTabata-Okuda報文と同時に同じ心理学誌に掲載されたニュージーランドの心理学者Corballisの報文[2000]や，Takano論文とCorballis・Tabata-Okuda両報文に気づかないで執筆されたイギリスの心理学者McManusの著書[2002]中の説明も，従属軸仮説に属するものである．

　吉村は1.7と5.6節で，私が3軸決定の順序性を「物理学的定義」と考えている，としている．これは，いささか誤解を招くおそれがある．「はじめに」において，Tabata-Okuda報文の説明について，「細かくいえば光学と幾何学，それに左右の定義の性質が利用されている」と，吉村が述べているのは，たいへん正確である．しかし，吉村は，そこで「本書ではこれを『物理学的説明』と略称する」と記したことにあくまでも忠実に従って，「物理学的定義」ということばを使ったのであろう．私の考えを正確にいえば，この順序性は，発生の原因は別として，既成の規則(左右1軸に着目すれば，その定義)と見る限り，心理には関係がない，ということであり，「物理学の対象になる性質のもの」という意味ではないことに注意して欲しい．

　また，第7章の導入部に「鏡に映る物品には上下・前後・左右が固有的に定まっており…」と私が提案している，とある．私は自然科学の取り扱い対象を「物品」といわずに「物体」という．しかし，これはむしろささいなことで，もっと重要なのは，この表現では，鏡像が上下・前後・左右という軸名を書いた札でもぶら下げて立っていて，他の座標系の使用を許さないかのような誤解を与えそうなことである．実際，吉村自身がそのあとで，このような物理学的説明に従えば，鏡を見る者は，いつも左右逆転感を抱かなければならなくなる，と述べている．Tabata-Okuda説の真意は，「固有座標系を採用

する限りでは，つねに左右が逆転している」ということであり，固有座標系を採用しない場合を考慮したからこそ，古来の疑問文の成立条件を明確にするため，この座標系を持ち出したのである．

C1.5　鏡映変換

話は少し後戻りするが，この節では，狭義の鏡像問題が「物理的」に説明できるはずだという私の考えのもとになった事項について説明し，続く節で，過去の物理学者や数学者の鏡像問題への関わりを整理しておきたい．そうする中で，本書中の吉村の記述に関連する事柄とその問題点が，いくつか浮かび上がってくるからである．

物理学の基礎である力学の学習のごく始めに，立体幾何学や物理学でよく使われる右手直交座標系というものを学ぶ．この座標系に対して，座標軸の1本(あるいは3本とも)を逆向きにする変換を施すと左手直交座標系が得られ，この変換は数学的には，行列式の値が-1になる行列で表すことができる．いま述べた数学的表現について，ここで理解して貰う必要はない．この変換が「鏡映(reflection)」と呼ばれていることが重要なのである．

本書9ページの図1で，O1をx軸，O2をy軸，O3をz軸としたものが右手直交座標系である．この名称は，右手の掌を上に向け，親指，中指，人差し指を互いに直角になるように伸ばし，それぞれをx，y，z軸と見立てれば，この座標系の模型ができるからである．この座標系の特徴は，x軸を90度回してy軸の方へ持っていく回転で右ネジ(普通のネジ)の進む向きが，z軸のプラスの向き(O3の矢が指している向き)になっていることである．

同じ図で，O1'をx'軸，O2'をy'軸，O3'をz'軸としたものが左手直交座標系である．この座標系では，z'軸のプラスの向きは，x'軸からy'軸への回転で逆ネジ(左ネジ)の進む向きになっている．図形O1O2O3の鏡像がO1'O2'O3'であったことから，右手直交座標系から左手直交座標系への変換を鏡映と呼ぶことが納得できるであろう．

本書1.1節で鏡映変換と呼ばれている操作は，一つの座標系内での

実物の各点の座標値を鏡像の各点の座標値に移す「負号化」の変換であり，いま述べた座標系同士の変換とは意味が少し異なる．しかし，座標値と座標軸の向きという相違こそあれ，「1軸について逆にする」ことは共通であり，どちらも鏡映による構造の変化（対掌体への移行）に対応している．

なお，鏡映変換のことを「反転(inversion)」と呼ぶ場合もある．したがって，数学・物理学用語としての「反転」は，対掌体の出現する3次元的なひっくりかえしを意味しているので，前後や左右の1軸が逆になる意味で「反転」を使うことは，私にはなじまない．それで，吉村が「左右反転」等と書いているのを引用するときも，私の文中では「左右逆転」等としているが，本書の副表題にある「鏡像反転」は数学・物理学用語としての反転の用法と合致している．

C1.6　物理学者と「心理」(1)：朝永の随筆

私が鏡像問題に初めて出会ったのは，朝永振一郎の随筆集[1965]中の書名と同題名の短い文においてだった．朝永はまず，彼の好んだ落語のような調子で鏡像問題をくだいて述べているが，それは要するに古来の疑問文と同じである．私はそれを読んで，前節で述べた鏡映変換を連想した．そして，実物と鏡像の関係は，右手直交座標系と左手直交座標系の間の数学的関係と同じだから，この問題の答は，数学屋や物理屋にはほとんど自明のはずと思った．

ところが，朝永は，理研時代に研究者仲間と議論した折に出たいろいろな考えを分かりやすく述べた後，「心理空間には上と下の絶対性のほか，前うしろの絶対性があるらしい」と書いている．私は，「上下・前後は，左右がそれらの向きとの関連で決まるという意味で，少し特別な役割を担っているにすぎないであろう」と考え，「心理」ということばの出てくることを不思議に思った．私はこの時点で，従属軸仮説の入口近くまで来ていたのである．

第3軸の向きが，第1,第2両軸の向きとの関連で決められなければならないことは，右手直交座標系や左手直交座標系でも同じである

(先述の右ネジ，左ネジの関係)．これらの座標系では，x軸とy軸の向きからz軸の向きが決まるのと同様に，y軸とz軸の向きからx軸の向きを，また，z軸とx軸の向きからy軸の向きを決めることもできる．これに反し，上下・前後・左右軸には，このような平等性がない．ここに，左右軸決定の従属性が潜んでいる．

朝永の結論は次の通りである．

> 右と左が逆になっているとか，上と下とが逆になっているとか，あるいは前とうしろとが逆になっているとか，そういう判断は，鏡のうしろに実さいにまわって立った自分の姿を想定して，それとの比較の上での話であろう．そうすれば結局は，鏡の横を通ってうしろにまわった自分の方が，鏡の上を通って向こうがわでさかだちしている自分より想定しやすいからであろうし，…(以下略)…

これは，高野(1997)の分類では「移動方法仮説」に入るものと思われる(以下いろいろな仮説の名称は，いずれも高野による)．朝永はさらに，「何かもっと一刀両断，ずばりとした説明があるのか，読者諸兄に教えていただきたい．」と記していた．私はこのことばにつられて，そのとき思いついた考えを朝永宛の手紙文の形にまとめ，随筆集の出版社へ送った．随筆集発刊後まもない頃だったと思う．

私は従属軸仮説に近づきながらも，朝永の文にあった「平らにおいた鏡では上と下が逆になる」ということに惑わされ，これにも直接あてはまることばで説明をしようと苦心した．その結果，このときの私の説明はいささか奇妙なものになってしまい，ここに記すほどの価値がない．あまり期待はしていなかったが，朝永から返事を貰えなくて当然であった．

「上下が逆になる」のは，古来の疑問文で「左右が逆になる」というときの基準とは異なった基準を採用しているからであり，同一のことばで説明する必要はなかったのだ．この異なった二つの基準が，

本書第5章に述べられている共用座標系と個別化座標系であることを，読者はすでに理解ずみであろう．

C1.7　物理学者と「心理」(2)：ファインマンの説明

　朝永およびシュヴィンガーとともにノーベル物理学賞を受賞したファインマンも，大学生時代に鏡像の左右逆転について考えていた．その話は，グリックによるファインマンの伝記[1992/1995]中に紹介され，グレゴリーの本(1997/2001)にも引用されている．ファインマンは，朝永によく似た次のような説明をしている．

> われわれは自らをつぶすように変形して前後を逆にすることを想像できないので，鏡の向こうへ回って反対に向いたかのように，左右入れ替わった自分を想像する．左右が逆になるのは，この心理的な回転による．（グリックの原書から筆者訳）

　いま引用したファインマンの説明に類似の記述が本書2.1節にもある．「自らをつぶすように変形して前後を逆にする」（吉村の場合，身体を「裏返す」ことを，逆に鏡像に対して行おうとする）ことは想像できないという記述に対し，グレゴリーは，写真ではわれわれ自身が平らに押しつぶされているのを見慣れており，そのような想像ができないとはいえない，と反論している．これに反し，吉村は，逆さめがね実験で上下の「裏返し」は行われる場合があるが，前後の「裏返し」は行われないという結果(6.3節)に根拠をおいて，この想像を不可能としている．想像できるかどうかは別として，このような想像を左右逆転の説明の引き合いに出すことには，次のような欠点がある．

　身体の前後を逆にする変形が想像できたところで，それは，対掌体の一方を任意の向きについて逆にすれば，他方と同じになることを一つの軸について試みただけのことである．この操作で実物と鏡

像が同じになるからといって，前後軸が逆転した軸だという決め手にはならない．つまり，この操作は，もともと逆転の向きを見いだすものとしては不適当なのである．こう考えれば，「その想像ができないので，自分を回転させる結果，左右が逆になる」という論理は成り立たないことになる．

　少し脱線したが，前節と本節でいいたかったのは，朝永やファインマンといった優れた物理学者たちが，鏡像問題を十分「物理的」には説明しておらず，逆に，心理ということばを持ち出していたことである．彼らは既存の考え方に捕らわれない自由な発想を得意としたので，理論物理学上の問題にくらべればずっと簡単な狭義の鏡像問題については，発想力を働かせすぎたのかも知れない．それにしても，量子電磁力学上の同一の難問を解いた朝永とファインマンが，鏡像問題でもよく似た説明をしていたのは面白い．

　他方，グレゴリーは，先に引用したファインマンの説明は明快でないとしながらも，次に引用する後続の説明が「まったく正しく明快である」としている．それは，その説明がグレゴリー自身の「回転仮説」に一致しているからだが，ファインマンが先に心理を持ち出したことを，心理学者のグレゴリーは退け，鏡像の左右逆転に心理は関係していないと主張している．

> 文字が左右逆になるのは，本を鏡に向けるため垂直軸の周りに回転したからだ．代わりに本を上下ひっくり返すことは容易であり，この場合には文字は上下逆に見える．（グリックの原書から筆者訳）

　しかし，逆さにもった本の文字が逆さに映っているからといって，それは，鏡映による逆転の説明にはならない．また，このとき鏡の中の文字は，上下が逆である以外に，本を垂直軸の周りに回転したときに見られるのと同じことを相変わらず起こしている．ファインマンはこれを見落としたのであろうか．そうでなければ，一見

なるほどと思われる説明で，聞き手たちを煙にまいたのであろう．ファインマンの性格から考えれば，これも大いにあり得ることである．

　私は最近ニュージーランドを旅行して，ミラーレイクという湖のほとりを散策した．そこには，水面に映った影で Mirror Lake と正しく読めるような看板が立っていた．看板にどのように書けばよいかを考えれば，ファインマンが見落としたかと思われる事柄が理解できよう．（第3章と4.6,4.7節をよく理解した読者は，そこまでしなくても分かるであろう．）

C1.8　数学者の示唆(1)：滝沢の教科書

　1985年3月12日づけ朝日新聞夕刊の科学質問欄「こちら科学部」に，鏡像問題についての質問が掲載された．編集委員は，前出の朝永の随筆とガードナーの著書[1964/1971]に触れたあと，読者の解答を求め，投稿を呼びかけていた．私は朝永宛の手紙と同様の趣旨を，もう少し簡潔にまとめて送付した．

　同年4月16日の夕刊に，読者からの反響の一部が，かなりのスペースをさいて紹介された．私の説明は採用されなかったが，掲載された答の中で私の考えに近かったのは，多摩市の主婦・橋詰節子が20年前に滝沢精二の大学生向け代数学教科書[1964]で出会って，目からウロコが落ちるような気がした，として引用していたものである．

　その答は，滝沢の本の「1次変換」の章中，「ベクトル空間の向き」という節の一つの問題に対する解答として，巻末にのっている．問題は，「鉛直に立てられた鏡に向かうと，左右が逆になって映ることはよく知られている．では，なぜ上下が逆にならないか．」となっている．滝沢は私が大学1年のときに数学を習った先生の一人であるが，その頃は，まだ彼の教科書は出版されていなかったし，教室で鏡像問題を出題された記憶もない．答を滝沢の本から直接引用する．

鏡に映るとき，実は左右も上下もそのままで，ただ前後だけが変わる．ところが，われわれの日常用語では前後を指定して初めて左右が定義されるもので，前後を逆にすれば，左右は逆になるとみなされている．これに反して上下の定義は前後の指定に関係しない．

滝沢の答は3軸決定の順序性をふまえたものかと想像されるが，文面には，上下の決定も左右の決定に優先することが現れていない．また，「日常用語では」という表現からは，ガードナーの前出書にある「言語習慣仮説」に似た考えだったとも推定できる．われわれがTabata-Okuda報文を書くにあたっては，滝沢の説明から最もよいヒントを得たのであり，彼の著書を文献として引用したが，上記の不明確さにも言及した．

C1.9 数学者の示唆(2)：矢野の随筆

本書1.2節の始めに引用されている矢野の文の終わりのことばを，吉村は，「鏡像と実物で左右が逆になっていると見ることは，心理学の問題だと述べている」ものと理解している．しかし，矢野の文には，鏡像で逆になるのを前後と見るか，左右と見るかは「見解の相違であって，どちらも正しい」とある．これは，いかにも数学者らしい意見である．この二つの見方は，心理的原因は別として，結果的には，採用する座標系の相違にすぎない．一般に数学あるいは物理学の問題は，どのような座標系を採用しても，同様に取り扱うことができ，得られる本質的な結論は同じになる．したがって，より便利な座標系というものはあっても，正しい座標系とか間違った座標系というものはなく，鏡像の見方についても，数学的な立場からは，「どちらも正しい」という評価が出て当然なのである．

この点に注目すれば，矢野のいう「心理学の問題」は，吉村が受け止めたのとは異なり，「後者のように[左右が逆になると]考える人が多いとすれば」を直接受け，「その理由は何か」を意味するものと思わ

れる．こう解釈すれば，それは，まさに吉村が本書のテーマとした問題の一端を示唆していたことになり，7.1節の「全員が左右反転感を抱くのか」とも密接に関係している．

C2　広義の鏡像問題

C2.1　発端

　高野が自らの論文(Takano, 1998)への反論には納得できないで，実験的に研究を続けていることを，私は彼自身から聞いていた．鏡像問題を狭義にしか捕らえていなかった私は，この問題にどのような実験的研究があり得るのかと，いぶかっていたのだが，本書「はじめに」にも紹介されている日本認知心理学会シンポジウムでの高野の講演を聞いて，なるほどと思った．彼は被験者たちに自分たちや文字などの鏡像を見せて，どういう逆転を認知するか，あるいは認知しないかなどを調査していたのである．これは明らかに，Tabata-Okuda報文が扱った範囲外の問題である．

　シンポジウム後，高野，吉村，私，ほか1名がコーヒーやジュースを飲みながら，かなりの時間にわたって議論をした．私は高野に，鏡像の認知に関することは，Tabata-Okuda報文の守備範囲外の，心理的問題であり，それはそちらで大いに進めて下さい，という旨のことを告げた．Tabata-Okuda報文は，古来の疑問文を字義通りに捕らえる形で問題を明確化し，それに「物理的説明」を与えたのであったが，他方では，報文の本質に関わることではないとはいえ，鏡像の認知に関する問題を全く棄却してしまうという，いささか不遜な態度のものであった．

　吉村も，「はじめに」で述べているように，その後さらに高野と意見交換をすることにより，鏡像をどのような場合にどう認知するかという問題を含めた広義の鏡像問題に目を向ける必要性を感じたのであった．高野は早くから広義の鏡像問題に気づき，それと取り組

みながらも，狭義の鏡像問題にも定説のなかった頃に発表した論文では，そのことを明確に打ち出せていなかったといえよう．しかしながら，Takano論文は，CorballisとTabata & Okudaの従属軸仮説を引きだす上で重要な役割を果たしたのである．

C2.2　問題の解釈

　広義の鏡像問題は，以前から狭義の問題にまつわりついてはいたが，それを正面切って取り上げたのは，おそらく本書が初めてであろう．したがって，いまこの問題を包括的に述べることは難しいが，「『われわれは，鏡像を左右が逆転していると見る場合もあれば，逆転していないと見る場合もある．これはなぜか．』という疑問を基本とし，これから派生する諸問題を含むもの」といえるのではないだろうか．ここで表明されている疑問は，C1.1で述べた古来の鏡像問題に対する反論を，問題の中に取り込んだものである．

　このように表現された広義の鏡像問題は，矢野の随筆にあったような，鏡像では前後より左右が逆になるという見解をとる人が多いとすれば，それはなぜかという問題や，後で述べるような心理的諸問題をも含むであろう．しかし，基本的疑問の範囲では，狭義の鏡像問題と同様に，「物理的説明」ができると思われる．私は少し先走りして，C1.9でその説明の核心に触れたが，それは，「相異なる座標系を使用しているところに原因がある」ということである．

　この説明を，もう少し詳しくいえば，次のようになる．狭義の鏡像問題が意味しているように，実物と鏡像のそれぞれに固有の1対の座標系を使って判断すれば，鏡像ではつねに左右が逆になる．他方，観察者，鏡または空間に固定した一つの座標系を実物と鏡像の両方に適用すれば，鏡像は鏡面に垂直またはこれに近い軸で逆向きになると判断される．（後者の判断は，鏡映についての幾何光学からの結論に直結しているので，前者の判断ほど理解が難しくない．）

　ところで，われわれは鏡に向かったとき，いつも客観的な合理性をもって座標系を選択し，左右逆転の有無を判断しているのではな

い．無意識あるいは半ば無意識で，どちらかの座標系を使っている．どういう場合に一方の座標系を採用し，また，どういう場合に他方の座標系を採用するのか．同じ状況下でも，何かのきっかけで，一方の座標系から他方の座標系へと，視点が移ることはないだろうか．…というような疑問がいろいろ湧いてくる．これらは広義の鏡像問題の含む心理的課題である．吉村はこのような「広義の鏡像問題」を本書の中心テーマとして取り上げたのである．

C2.3 吉村説とその意義

吉村は第2〜4章で，広義の鏡像問題に属する心理的状況の分析をしている．その分析は当然，「物理的」面にも及ぶことになる．広義の問題については，この面に限っても，明白な形で取り上げた文献がなかったからである．彼は，その周到な準備をふまえ，鏡像問題の数ある説に仲間入りするものとして，「座標系の共用―個別化説」を提唱している(5.1節)．吉村の鏡像知覚に関する的確な分析は，逆さめがね実験からの多くの知見をも参考にしている(第6章)．

吉村説に対する彼自身の「仲間入り」的位置づけは，「あとがき」にも再び記されている．しかし，従来の諸説が，主に古来の疑問文に答えることのみにかかずらっていたのに対し，吉村説は，広義の問題に属する鏡像の認知という心理面に，初めて意識的に切り込んで得られたものである．したがって，私は，この説は従来の諸説と並ぶものではなく，それらより一歩進んだレベルに位置づけるべきものと考える．

吉村説中の個別化された座標系(固有的定位)は，C1.1でも述べたように，Tabata-Okuda報文中の固有座標系と同じものである．同報文が「固有座標系で判断するとき」という限定をしたのは，問題の成立しない別の座標系での判断を除外するためであった．別の座標系として私の頭にあったのは，前節でも触れた，観察者，鏡または空間に固定された座標系である．これらの座標系の鏡像問題での共通点は，実物とその鏡像の両者に共用されることであり，吉村説が固

有的定位に相対するものを共用座標系と呼んでいるのは，まことに適切である．

共用座標系が存在し，鏡像に左右非逆転という判断をするときの枠組みを与えていること自体は，「物理的」面であり，これに適切な一括名称を与え，広義の鏡像問題への「物理的説明」をも含む答を見だしたことは，いわば，心理学者吉村の物理学的功績である．また，吉村が5.6節において，物理事象と心理事象との境界を論じているのも，実に行き届いた取り扱いである．

ただし，5.6節の最終段の記述には，論理のずれが見られる．吉村は，鏡に映った自分の顔の左右や自動車のバックミラーの左右では，心的処理として前後より左右を優先させている，と述べ，これらは3軸決定順序のルールが当てはまらない事象である，としている．しかし，これらの場合の「優先」は，前後の逆転感を取り除くことより左右の一致感を尊重する，という意味であり，個別化座標系よりも共用座標系を優先したのであって，1座標系中の軸の決定で左右を前後より優先し，3軸決定順序のルールを破っているのではない．

本節では，吉村説の位置づけと，鏡像問題の「物理的」面での同説の意義を述べた．吉村説の鏡像問題の心理的面での意義，あるいは心理学上の意義については，いずれその道の専門家たちが論ずるであろうから，私がそこまで踏み込むことは差し控えておく．

C2.4 「今後の課題」について

この節では，本書第7章「今後の課題」中のいくつかについてコメントする．

(1)主導権争い

第7章の始めに，鏡像問題について，「物理学と心理学が主導権争いをしてきた」とある．これは，物理学者は「物理的」説明を，心理学者は心理学的説明をしてきた，という意味ならば，C1.6とC1.7に記

したように，事実と異なる．したがって，これは，「物理的」に説明できるという考え方と，心理がかかわっているという考え方とが争ってきたという意味であろう．

しかし，従来主に考えられてきた古来の疑問文としての鏡像問題，すなわち狭義の鏡像問題については，従属軸仮説が示したように，心理は本質的なかかわりがないという形で決着がついた，と理解すべきで，吉村も第7章でそのように述べている．古来の疑問文の字義通りの解釈があてはまらない場合について，あるいは，あてはまる場合とあてはまらない場合の分岐についても考えようとすれば，それは，広義の鏡像問題になり，心理のかかわりは，そこで初めて登場する．広義の鏡像問題の心理面の研究が，「物理的」理解をしっかりとふまえた上で，いっそう進展することが望まれる．吉村が書いているように，哲学もかかわりも持つとすれば，今後の鏡像問題研究は，ますます興味深くなると思われる．

(2)対面映像

吉村は2.2と7.2節で，自分の鏡像の左右の認知に当たり，それに向かって「回り込む」のは，その像を，自己の姿ではなく対面している他人の姿と見立てている可能性がある，と述べている．私は，これは単なる可能性ではなく，この見立ての上にこそ，鏡像への固有座標系の適用が成り立っているように思う．

私はさらに，鏡に正対しているときの鏡像の左右の認知には，回り込みの操作を必ずしも行っていないと推定する．対面している他人の左右を認知する初期においては，回り込みをしているであろうが，そのうちに，対面位あるいはこれに近い相対位置にある他人の左右は，自分の左右とは逆側にあるという「認知の近道」が形成され，それに頼る場合が多いのではないだろうか．そしてこれが，自分の鏡像を他人と見立てることと組み合わされば，その左右の決定に回り込みは不要となる．しかし，これはあくまでも，心理学の門外漢である私自身の経験的推測に過ぎないので，今後の研究がまた

れる．

(3) 片腕切断者の鏡像

2.5と7.5節に，「不幸にして左腕を切断した人」の鏡像の知覚についての話がある．右手を上げた人が鏡を見て，上がっているのは「右手」と見るのは，「上がっているのは，『あなた』のどちらの手ですか」への答である．他方，「左手」と見るのは，「上がっているのは，『鏡の中のあなた』のどちらの手ですか」への答である．つまり，二通りの答は互いに異なる問いに対応しているが，この話についての吉村の記述は，どちらの問いを対象にしているのか不明確である．左腕のない人が，「鏡の中の自分」の意味でも，右手を上げていると判断したとすれば，それは，その人が不幸のせいで左右の通常の定義に従っていない，ということになる．

その人自身の手を問題にするのならば，その答を，わざわざ鏡像で判断させるのも奇妙である．鏡像を無視して，自分自身の筋肉感覚でも答が出せるからである．鏡に向かっている被験者の右肩のうしろに質問者がそっとハンカチでもかざして，「ハンカチがかざされているのは，あなたのどちらの肩ですか」とたずねる方がよいであろう．

この問いには，鏡像に固有の座標系での判断を下すのは場違いであり，また，わざわざその判断を経由して被験者に固有の座標系での答を出す必要もない．したがって，被験者を基準にした共用座標系での判断から，左腕を切断した人でなくても，「右肩」という答が即座に出そうである．しかし，実験結果がどうなるかは単純に予測できない．

左利きや両手利きの人の中には，自分自身の左右の判断自体にいくらか時間のかかる人もいるので，上記のような実験にはその考慮が必要であろう．こういう私も，幼児期に一時左利きだったし，いまでもドライバーを使うときなど，つい左手を使っており，ある意味での両手利きであるせいか，左右の判断に時間がかかる．

(4)直角合わせ鏡

7.7節の始めに，1枚の平面鏡の前で右手を上げている自分の鏡像が左手を上げていると見えるのは，本当の意味での左右逆転ではない，とある．直角合わせ鏡での左右逆転が，左右逆転めがねに相当し，心理的に難しい問題をかかえている，ということを述べた後続の文から，著者がこのようにいいたい心境は分かる．しかし，「本当の意味」ということばを持ち出すことは，どの座標系を採用するのも正しいという矢野の妥当な考えに逆らっており，鏡像問題の議論を複雑にしかねない．

1枚の平面鏡での左右逆転は，鏡像に固有の座標系での判断であり，上下軸方向で合わさっている直角合わせ鏡での左右逆転は，共有座標系でのものである．この系で左右の逆転していることが，特に観察者の運動に際して，左右逆転めがねと同じ効果を生じるのであろう．だからといって，こちらの左右逆転が本当であり，他方がウソである，というようなものではない．直角合わせ鏡は，自分の顔を他人が見る場合と同じように見せてくれる点で，「左右を逆転しない鏡」としての長所を持っているともいえる．「回り込み鏡」と呼ぶのがよい，という吉村の提案には賛成である．

おわりに

この文では本書の記述の比較的細かい点について，いくつもの異論を書いたが，吉村の新しい説については，私は大局的に大いに賛同するものである．異論のほか，本書の蛇足的解説やTabata-Okuda報文についての多くの我田引水的説明なども記したが，それらが鏡像問題のよりよい理解と，同問題研究の今後の発展に，少しでも役立つならば幸いである．

最後に，本書と鏡像問題についての一物理屋の見解をここに述べる機会が与えられたことに対し，本書の著者に深く謝意を表する．

文献（吉村の本論で引用されていないものだけを掲げる）

Corballis, M. C. 2000 Much Ado about Mirrors. *Psychonomic Bulletin & Review*, **5**, 163-169

ガードナー, M. 坪井忠二・小島弘（訳） 1964/1971 自然界における左と右 紀伊国屋書店 ; 坪井忠二・小島弘・藤井昭彦（訳） 1990/1992 新版 自然界における左と右（原書改定第3版） 紀伊国屋書店

グリック, J. 大貫昌子（訳） 1992/1995 ファインマンさんの愉快な人生 岩波書店

McManus, C., 2002 *Right Hand, Left Hand.* London: Weidenfeld & Nicolson

高野陽太郎 2003 シンポジウム5：鏡映反転—鏡の中で左右が反対に見えるのは何故か？ 日本認知心理学会第1回大会発表論文集, 4.

滝沢精二 1964 代数学と幾何学 広川書店

朝永振一郎 1965 鏡のなかの世界 みすず書房 ; 1981 朝永振一郎著作集1 鳥獣戯画 みすず書房 ; 1997 量子力学と私 岩波文庫

著者紹介

吉村 浩一（よしむら ひろかず）

1951年大阪市に生まれる．京都大学および大学院で知覚・認知心理学を専攻する．博士課程修了後，京都大学教養部心理学教室助手，金沢大学文学部助教授，明星大学人文学部教授を経て，現在，法政大学文学部教授．教育学博士（京都大学）．

主要著書に，「心理学と出会う」「特殊事例がひらく心の世界」「3つの逆さめがね［改訂版］」「図的に心理学」「逆さめがねが街をゆく」「知覚は問題解決過程―アーヴィン・ロックの認知心理学」「逆さめがねの左右学」（いずれもナカニシヤ出版），「心のことば―心理学の言語・会話データ」（培風館）がある．

http://www.i.hosei.ac.jp/~yosimura/main.html
e-mail yosimura@i.hosei.ac.jp

鏡の中の左利き
―鏡像反転の謎―

2004年4月25日　初版第1刷発行	定価はカヴァーに表示してあります

著　者　吉村浩一
出版者　中西健夫
出版社　株式会社ナカニシヤ出版
〒606-8316　京都市左京区吉田二本松町2番地
Telephone　075-751-1211
Facsimile　075-751-2665
Website　http://www.nakanishiya.co.jp/
Email　iihon-ippai@nakanishiya.co.jp
郵便振替　01030-0-13128

装幀：川辺千恵美／印刷：創栄図書印刷／製本：兼文堂

Printed in Japan
Copyright ©2004 by H. YOSIMURA
ISBN 4-88848-795-2 C3011

吉村浩一の本　　　　　　　　　　　　　　　　　　　　ナカニシヤ出版

心理学と出会う　　　　　　　　　吉村浩一・吉村順子著

認知を中心とする基礎心理学と，パーソナリティや発達など臨床心理学につながる応用心理学の両面を捉え，両者のよき連関づけを目指した概論テキスト

特殊事例がひらく心の世界　　　　吉村浩一・吉村順子著

心理学が出会った珠玉の稀少事例を広領域から10編収録し，事例内容とそこから発展する心理学的問題をビビッドに解説した事例研究による心理学入門書

3つの逆さめがね［改訂版］　　　　　　吉村浩一著

著者自らが着用した3種類の逆さめがね実験でのデータを中心に，逆さめがねの世界を詳述した専門書．1994年の初版を全面的に書き直した改訂版

図的に心理学—視聴覚教育への視座—　　　吉村浩一著

心理学の学習・研究プロセスを材料に，図的思考の有効性を解説したユニークな入門書．図的思考する学習者の理解を通して視聴覚教育に視座を与える

逆さめがねが街をゆく
—上下逆さの不思議生活—　　　吉村浩一・川辺千恵美著

15日間の着用中に起こった不思議な出来事や知覚印象に，着用者自ら工夫して描いた絵を組み合わせた，インスピレーション満載のピクチャーブック

知覚は問題解決過程
—アーヴィン・ロックの認知心理学—　　　吉村浩一著

知覚には知性の働きが本質的に必要だとするロックの考え方を体系的に見据えたわが国初の解説書．ギブソン知覚論と対照させ，知覚の多面的理解を促す

逆さめがねの左右学　　　　　　　　　　　　吉村浩一著

自然科学や文化論的左右論とは一線を画し，自己と環境を知覚・認知する心の働きに起こる左右問題を，広い角度から浮かび上がらせた楽しめる左右学